Kleine Geschichte
der Demokratie
in Sachsen

Christoph Wunnicke

Kleine Geschichte der Demokratie in Sachsen

Vom Gottesgnadentum
zum Grundgesetz

Der Autor

Christoph Wunnicke, geb. 1971, Historiker, ist Mitarbeiter der Bundestags-
fraktion Bündnis 90 / Die Grünen, Publikationen u. a. zur Parteiengeschichte
Ostdeutschlands. Bisher bei Dietz erschienen: Harald Ringstorff. Von der
Werft in die Staatskanzlei (2018).

Bibliografische Information der Deutschen Nationalbibliothek

Die Deutsche Nationalbibliothek verzeichnet diese Publikation in der
Deutschen Nationalbibliografie; detaillierte bibliografische Daten sind
im Internet über *http://dnb.dnb.de* abrufbar.

ISBN 978-3-8012-0563-8

Copyright © 2021 by
Verlag J.H.W. Dietz Nachf. GmbH
Dreizehnmorgenweg 24, D-53175 Bonn

Gesamtgestaltung und Satz: Ralf Schnarrenberger, Hamburg
Druck und Verarbeitung: CPI books, Leck

Besuchen Sie uns im Internet: www.dietz-verlag.de

Einleitung

Die Geschichte der Demokratie in Sachsen ist nicht durchgängig allein mit der Geschichte Sachsens erklärbar. Zu viele demokratische Ideen, Menschen und Geltungsansprüche kamen von außerhalb seiner Grenzen. Gleichzeitig gingen solche zahlreich und ständig vom sächsischen Gebiet in andere Regionen aus. Darüber hinaus kann kein Historiker oder Theoretiker überschauen, geschweige denn zusammenfassen, was aus gutem Grund beansprucht, die Demokratiegeschichte Sachsens beeinflusst, vorangetrieben beziehungsweise ausgemacht zu haben. Demokratie war von Anfang an ein von rational handelnden Menschen erdachtes, sukzessiv entwickeltes und getragenes politisches Herrschaftskonstrukt. Selbst in seiner vorläufigen beziehungsweise gegenwärtigen Institutionalisierung ist sie zu komplex, um auf einen Nenner gebracht zu werden beziehungsweise nicht strittig zu sein. Aber ihr Wesen ist der Streit, im Kern der um sie selbst. Und dennoch gibt es in diesem Streit herausragende Akteure, Gruppen und Ideen, ohne die Sachsens Demokratiegeschichte nicht schlüssig beschreibbar ist. Selten sind es Menschen, die um die »Demokratie an sich« kämpfen oder ihre Grundlagen bedenken. Viel häufiger sind es sich Gruppen- beziehungsweise Allgemeinheitsinteressen verpflichtet fühlende Sozialrevolutionäre, Politiker oder Philosophen, die um Menschenwürde, Teilhabe und, vor allem, die Gleichheit aller Menschen ringen. Oft, indem sie Unterdrückung, Folter und Ausgrenzung bekämpfen. Sie alle sind Mütter und Väter der sächsischen Demokratie, gelegentlich ohne dieses Wort selbst je im Mund geführt oder als Ziel vor Augen gehabt zu haben. Denn Demokratie ist als Theorie oder Anspruch nur eine allgemeine Idee, während sie in jedem Menschen anders konkret wird. Aber immer als individuelle Einsicht, dass das eigene Wohl nur unter der Berücksichtigung des Wohls der anderen zum Allgemeinwohl wird. Dieser politische Streit um das Allgemeinwohl einer Gemeinschaft von Gleichen ersetzt als demokratischer Prozess den Jahrtausende lang oft blutigen und immer viele Menschen, regelmäßig Mehrheiten, diskriminierenden Streit tradierter hierarchisch gegliederter Gruppen gegeneinander. Die Entwicklungsgeschichte vom Streit dieser Gruppen gegeneinander bis zum heutigen gemeinsamen Ringen um das Verständnis von Demokratie in und für Sachsen umreißt das vorliegende Buch. Es versucht, die sächsische Landesgeschichte unter Demokratieaspekten zu erzählen, ohne dabei Hand- oder Lehrbuchcharakter anzunehmen.

Von der Staatsgründung zum Mittelalter.
Eliten und Großgruppen bilden sich

Das heute als Sachsen bekannte Bundesland wurde während der Steinzeit durch Einwanderung besiedelt. In den Jahrhunderten nach Christi Geburt lebten hier Elb- und Odergermanen genannte Völker. Wie sich die Bewohner ihrer Siedlungen sozial organisierten, kann nur vermutet werden. Nach der Völkerwanderung verließen germanische Stämme den sächsischen Raum, woraufhin slawische Gruppen von Osten und Süden her einwanderten. Diese organisierten sich in Stammesverbänden mit hierarchischer Gliederung, in eine bäuerliche Unter- und eine herrschende Oberschicht. Sie nannten sich Srbia, woraus später die Volksbezeichnung Sorben wurde. Ein Netz aus Verteidigungsanlagen und Burgsystemen schützte ihr Territorium.

Anfang des 9. Jahrhunderts markierte der Fluss Saale die Grenze zwischen dem Herrschaftsgebiet Karls des Großen und den sorbischen Stämmen, die sich politisch und militärisch gegen den mächtigen Nachbarn beim mährischen Reich rückversicherten. Gegenseitige Angriffe führten jedoch dazu, dass im Jahr 928 der deutsche König Heinrich I. damit begann, das sorbische Gebiet von Westen her nach und nach zu unterwerfen sowie Tributzahlungen zu erzwingen.

Dem weltlichen Eroberer folgte die Kirche. Im Jahr 968 wurde das Bistum Meißen gegründet, dessen Dom bis zur Reformation die Macht des neben ihm auf dem Meißner Domberg residierenden Markgrafen legitimierte. Diese Macht beziehungsweise Landesherrschaft bestand für die kommenden Jahrhunderte sowohl in einer Konzentration von einflussreichen Institutionen und Rechten rund um den Markgrafen sowie in normativen Kontrollinstanzen wie der Kirche. Die von Heinrich I. angelegte Meißner Burg und der

Dom wurden zu dynastischen Symbolen des sächsischen Herrscherhauses. Kirchen und – ab 1092 Klöster – prägten als architektonische Landmarken bald das Landschaftsbild, parallel zur Missionierung der Sorben.

Im 11. Jahrhundert verschenkte der König einzelne Gebiete des Meißnerischen Territoriums an Adelige oder belehnte sie mit ihnen. Dies führte zu kleinteiligen Adelsherrschaften und zerstörte die territoriale Einheit der Regionen mehr und mehr. Heinz Reif beschreibt die »Mentalität Adliger« mit der Grundannahme, dass diese ihren Adel als erbliches Substrat verstehen, als Prinzip der Ungleichheit. Dieses folge einem weiteren Prinzip, dem der Familie als Eingebundensein des Individuums in eine Kette von Vor- und Nachfahren, das sich im einzelnen Adligen mit Herrschaftsbefähigung und Dienstpflicht vereint. Die adlige Lebensform beruhe außerdem auf großem Grundbesitz und lang zurückreichender Bodenbindung, die sich rationalistischer Überformung entziehe.[1] Ein nicht nur angenommener sondern tatsächlicher Privilegienschatz, den es in den kommenden Jahrhunderten zu verteidigen galt.

Vor dieser Herausforderung standen bis 1918 auch die alle anderen sächsischen Adligen überragenden Wettiner. Kaiser Heinrich V. belehnte im Jahr 1089 den wettinischen Grafen Heinrich I. von Eilenburg mit der Markgrafschaft Meißen, dem Kern des künftigen Sachsen. Die Wettiner wurden in Konkurrenz zu ebenfalls siedelnden königlichen Ministerialen zum Hauptakteur des Landesausbaus Sachsens, der sich von ihrer Stammburg Wettin her ausdehnte. Heinrichs I. Neffe Konrad übernahm im Jahr 1123 das Markgrafenamt und erweiterte das Herrschaftsgebiet um das Land Bautzen oder auch das Elbtal um Dresden. Reich wurden die Wettiner durch die im Jahr 1168 entdeckten Silbervorkommen in der Gegend um Freiberg. Die Wettiner fügten anschließend zwischen den Flüssen Elbe und Werra durch Heirat, Kauf oder auch Gewalt viele kleinere Herrschaften von Adeligen in ihr Herrschaftsgebiet ein und stellten so wieder ein einheitliches Territorium her. Ein sächsischer Territorialstaat, als Vorform des modernen Staates, nahm erste Züge an. Zu dessen Ausbau kamen aus dem Westen Bauern, die den Boden fruchtbar machten, Dörfer anlegten. Zur Verwaltung dieser Entwicklung setzten die Wettiner eigene Ministeriale ein, die sie mit Grundbesitz ausstatteten. Diese institutionelle Ordnung der Herrschaft der Wettiner beruhte noch überwiegend auf Treueverhältnissen und Abhängigkeiten. Die sorbische Urbevölkerung lebte davon anfangs weitgehend unberührt und wurde sukzessiv zur Minderheit.

Ab der zweiten Hälfte des 12. Jahrhunderts erhielten Städte wie Zwickau, Leipzig und Chemnitz das Stadtrecht. In ihnen bildete sich eine neue Bevölkerungsgruppe, das Bürgertum. Es stand anfangs noch in der Feudalordnung. Da es für sein soziales und wirtschaftliches Fortkommen aber nicht den Besitz von Grund und Boden benötigte, sondern Handel und Handwerk betrieb, unterlag es immer weniger feudalen Verpflichtungen, unter denen vor allem Bauern noch zum Teil bis in das 19. Jahrhundert hinein litten. Mit dem Bürgertum aber begann der Umbau der feudalen Agrargesellschaft. Seine strategische Unruhe produzierte in den kommenden Jahrhunderten gesellschaftlichen Fortschritt.

Die Wettiner hatten als Landesherren in ihrem Machtbereich nahezu alle Gewalt in der Hand. Sie waren lediglich dem Kaiser Verantwortung schuldig. In ihrem Herrschaftsbereich konnten sie Steuern erheben, Münzen prägen oder zu ihren Gunsten die reichen Bodenschätze abbauen lassen. Sie durften Soldaten ausheben und Stadtrechte verleihen. Durch das Lehnsystem herrschten sie auch über ihnen verpflichtete Adlige. Diese trennten sich in zwei Klassen. Während der eine Teil des Adels nur »amtssässig« war, stand der »schriftsässige« Adel direkt mit dem Hof in Kontakt. Dies hatte Auswirkungen auf die jeweiligen Funktionen am Hof und in der Verwaltung.

Anfang des 13. Jahrhunderts finden wir im Umfeld des Markgrafen Dietrich von Meißen den Gelehrten Eike von Repgow. Zwischen 1220 und 1235, wenige Jahre, nachdem 1215 in England mit der »Magna Charta« die Macht des Königs zugunsten des englischen Adels eingeschränkt wurde, verfasste er mit dem »Sachsenspiegel« die erste deutsche Rechtskodifikation. In das nicht fixierte Lehens- und Landrecht versuchte er mit seiner auf der Burg Falkenstein verfassten Schrift System und Logik zu bringen. Die Zweischwerterlehre, Gewaltenteilung zwischen weltlichem und göttlichem Recht wie auch die Lehensabfolge. Heutzutage finden sich im Erb- oder auch Umweltrecht Entsprechungen dieser juristischen Grundgedanken. Der Sachsenspiegel, der im Zuge seiner weit verbreiteten Anwendung trotzdem niemals durch eine Herrschaft, die ihn als Recht setzte, zur Geltung gelangte, galt fortan auch im Leipziger Raum, dessen Stadtgeschichtliches Museum eine Handschrift des »Sachsenspiegels« aus dem Jahr 1461 aufbewahrt. Seit Ende des 19. Jahrhunderts schmückt außerdem ein Relief Eike von Repgows das damalige Reichsgerichts- und heutige Bundesverwaltungsgerichtsgebäude. Repgow legte dem erst viel später etablierten Rechtsstaat einen theoretischen Grund. Zur Zeit Eike von Repgows erschienen im weltlichen Bereich politische Mitbestimmungsmaximen wie »Was alle angeht, muss von allen gebilligt werden«, die auf alten kirchlichen Traditionen sowie dem römischen Recht beruhen. In der »Goldenen Bulle«, dem »Reichsgrundgesetz« aus dem Jahr 1356, wurde beispielsweise die Wahl des Oberhauptes des Deutschen Reiches dem Kurfürstenkollegium von sieben weltlichen und geistlichen Kurfürsten übertragen. Im Jahr 1384 erhielt der Herrschaftsraum der Wettiner seine erste, viele Details des Zusammenlebens autoritär regelnde Landesordnung. Diese oft überarbeitete und regelmäßig neu aufgelegte Verfügung des Landesherrn bildete für Jahrhunderte die regionale Rechtsgrundlage.

Auch durch sie war der Markgraf fast allmächtig. Wilhelm I. ließ sich im Jahr 1407 als erster Wettiner im Meißner Dom begraben und verdeutlichte damit die Funktion des Bistums als inoffizielles Landesbistum. Bereits 1399 war das Bistum Meißen, auf Betreiben Wilhelms, direkt dem Papst unterstellt worden. Die Herrschaft des Markgrafen wurde durch das so einmal mehr ausgewiesene Gottesgnadentum theokratisch fundiert. Jeder seiner Erlasse berief sich auf Gott und gewann dadurch Rechtskraft: War der Markgraf in seinem Herrschaftsbereich doch nur Gott für sein Handeln verantwortlich. Das zur Ermächtigungsformel geronnene Gottesgnadentum bedingte auf der anderen Seite die Gehorsamspflicht der Untertanen.

Diese erlebten, wie im Jahr 1423 Markgraf Friedrich IV. als Dank für seine Anstrengungen in den Hussitenkriegen das kleine Herzogtum Sachsen-Wittenberg und die Kurwürde erhielt. Sie erlaubte ihm die Teilnahme an den Regierungsgeschäften des Reiches im Kurfürstenkollegium und der Königswahl. Als Kurfürsten und Herzöge stiegen die Wettiner in den privilegierten Fürstenstand des Reiches auf. Aus den Wettinern, den Markgrafen von Meißen, wurde das »Haus Sachsen«. Den Namen ihres neuen Herrschaftsgebietes Sachsen-Wittenberg benutzten sie zukünftig für ihr größer gewordenes Territorium. So setzte sich nach und nach für ihr Reich, welches sich noch über das heutige Sachsen und Thüringen sowie Teile Brandenburgs und Sachsen-Anhalts erstreckte, der Name »Kurfürstentum Sachsen« oder auch »Herzogtum Sachsen« durch. Ab 1464 wurde Dresden zur Residenz der Wettiner. Sie hatten den vorläufigen Gipfel ihrer Macht erreicht. Der drückte sich auch in einem immer teureren Machtzentrum, dem Hof aus.

Die Einnahmen der Wettiner wuchsen nicht im selben Maße wie die wettinische Macht. Weil ihre Mittel nicht mehr für die wachsende Beamten-schaft und andere herrschaftsbedingte Ausgaben ausreichten, erhöhten sie die Steuern. Deshalb schlossen sich im Jahr 1438 die kursächsischen Stände – das heißt die Grafen, der niedere Adel, die dem Landesherrn unterworfe-nen Städte und die hohen Geistlichen – körperschaftlich zusammen, um die Steuerproblematik in ihrem Sinne zu regeln. So entstand Sachsens ers-ter Landtag. In diesen erstmals 1438 in Leipzig und dann für vier Jahrhun-derte durchschnittlich alle zweieinhalb Jahre in unterschiedlichen sächsi-schen Städten tagenden Landtagen traten die Stände dem Fürsten, der hier seine Interessen vortrug, geschlossen gegenüber. So rangen sie ihm die Landsteuer und ein Mitspracherecht bei deren Verwendung ab. Die zentrale Finanzverwaltung und die Ernennung eines Landrentmeisters waren logi-sche Folgen. Eine erste Gewaltenteilung zwischen ständischen und fürstli-chen Interessen, auch wenn der Fürst weiter allein über die Einkünfte aus dem Bergbau und den Ämtern entscheiden konnte: Einen Teil seiner Regie-rungsgewalt hatte er an die Stände verloren.

Die in den 400 Jahren zwischen 1438 und 1831 gültigen ständischen Ver-fassungen beschrieb Karl-Heinz Tietze mit den Worten:»Wenngleich die Rolle des Souveräns, des Landesherrn, darin eindeutig dominant war, wie-sen sie bereits Elemente der Gewaltenteilung auf.«[2] Der Obergerichtshof zu Leipzig war seit 1483 ein Beispiel dafür. Der Landesherr musste sich zuvor als oberster Richter durch das immer intensivere Wirtschaften auf Geldba-sis mit Wirtschafts-Prozessen beschäftigen. Diese Funktion der letzten Ins-tanz gab er deshalb an das neu gegründete Oberhofgericht ab. Dieses war die erste selbstständige, vom Hof und Fürsten losgelöste Behörde Kursachsens, die nicht nur praktische Rechtspflege sondern auch theoretische Rechtswis-senschaft betrieb. Das Oberhofgericht war überwiegend für Lehnrechts- und Zivilrechtsfälle zuständig. Für die privilegierten Stände wie schriftsässige Städte und Grundherrn war es die erste Instanz, für alle anderen Appellati-onsinstanz. Als Berufungsinstanz fungierte zunehmend auch der Leipziger Schöffenstuhl.

Im ausgehenden 15. Jahrhundert war der den Wettinern sich entgegenset-zende Adel weitgehend verdrängt worden. Aus ihrer Lehnsbindung wurde eine Staatsuntertänigkeit. Von der ersten Ständeversammlung an genoss der sächsische Adel in Bezug auf seine parlamentarische Vertretung aber wei-terhin Privilegien, die ihm einen großen Einfluss bescherten. Allmählich trennte sich jedoch der ursprünglich am Hof arbeitende Behördenapparat von der fürstlichen Hofhaltung. Und Advokaten bürgerlicher Herkunft übernahmen Posten in der Verwaltung, was zu anhaltenden Konflikten zwischen Adeligen und Bürgern führte. Diese Konflikte betrafen nicht nur die einzelnen Ämter, sondern auch das Amtsverständnis seines jeweiligen Inhabers.

Dieses Bürgertum war der entschiedenste Träger von sozialen oder bildungspolitischen Innovationen sowie der Hochkultur. Im Jahr 1409 wurde in Leipzig die zweitälteste deutsche Universität gegründet, während am Grünthaler Kupferhammer bei Olbernhau zur Ausbildung von Facharbeitern für die Silberverarbeitung die älteste Werksschule Europas entstand. Die Landesordnung des Jahres 1482 schrieb fest, dass Ackerbau das dörfliche Wirtschaften auszeichne, während Gewerbe beziehungsweise Handwerk als städtischer Nahrungserwerb zu gelten habe. Sinnbildlich steht hierfür das Zunftwesen, in dem sich große Teile des Stadtbürgertums organisierten, während das Bürgertum als Vergemeinschaftungsform städtischer und ländlicher Mittelschichten sich erst in der Frühen Neuzeit entwickelte. Im Mittelalter nutzte es seine wirtschaftliche Blüte und befreite sich von der Grundherrschaft. Dadurch verfügte es über die niedere Gerichtsbarkeit und ab 1500 auch immer öfter über die Hohe oder Blutgerichtsbarkeit. Zur städtischen Gerichtsbarkeit kam sukzessiv eine demokratische Stadtverwaltung mit Rats- und Bürgermeisterverfassung anstatt eines Schöppenkollegiums nebst einem Stadtrichter. Die dörfliche Umgebung der Städte hingegen unterlag weiterhin der patrimonialen Obrigkeit. Die soziale Kluft zwischen Stadt und Land wurde größer.

Neben der Bildung wurde das Geld, als »institutionalisiertes Vertrauen«, zum zweiten Triebmittel für den Aufstieg des Bürgertums. Geld rückte als »Kapital« in das Zentrum des Wirtschaftslebens. Gewinne wurden einfacher, eine bürgerliche Wirtschaftsgesinnung, die auch Adel und Klerus erfasste, entwickelte sich. Wirtschaftlich überholte das Bürgertum den Adel. Im Zuge der auf diese Neuigkeit folgenden Entwicklung von Handwerk, Bergbau und Handel gewann das Bürgertum neben Adel und Fürstenhaus in dem Maße Bedeutung und Macht, in dem Manufakturen, später die Industrie und der Handel die Landwirtschaft als Grundlage der sächsischen Wirtschaft verdrängte. Und das geschah in Sachsen so schnell wie kaum irgendwo sonst in Deutschland.

Die Reformation befreit den Geist und das Gewissen. Der Mensch bleibt Untertan

Die Reformation fand Sachsen als geteiltes Territorium vor. Die auf Bruderkriege folgende Leipziger Teilung von 1485 durch die beiden wettinischen Brüder Ernst und Albrecht sollte prägend auf die Religionsgeschichte Deutschlands wirken. Während das kurfürstliche ernestinische Sachsen um sein Zentrum Wittenberg zum Mutterland der Reformation wurde, entwickelte sich das herzogliche albertinische Sachsen um seine Hauptstadt Dresden zum Kernland des Kampfes gegen die Reformation.

Als der bevorzugt im ernestinischen Herrschaftsbereich der Wettiner wirkende Martin Luther im Jahr 1517 mit seinem Wittenberger Thesenanschlag die größte Autorität des Mittelalters, die römische Kirche, zu reformieren versuchte, protestierte er nicht nur gegen die Käuflichkeit kirchlicher Ämter. Er erkannte in ihr auch kein auf eine bessere Welt gerichtetes geduldiggewaltloses Streben. Mit seinen folgenden reformatorischen Hauptschriften schrieb Luther auch deshalb nieder, was man später Luthertum nennen sollte. In »An den christlichen Adel deutscher Nation von des christlichen Standes Besserung« forderte er zwar die weltliche Obrigkeit zur Kirchenreform auf, klagte gleichzeitig aber sozialpolitische Reformen wie ein staatlich gefördertes Bildungswesen beziehungsweise eine Armenfürsorge ein. Er sprach nicht nur als Theologe, sondern auch als Vertreter des Bürgertums, welches ab 1500 vom Adel aus der Zentralverwaltung wie auch aus der Berg- und Finanzverwaltung wieder weitgehend verdrängt worden war.

Im Kern seiner revolutionären theologischen Überzeugungen aber ist für Luther der christliche Glaube ein Geschenk an den Einzelnen, das Individuum. Der Glaube verleiht dem Menschen Würde, und darin eingeschlossen, die Ebenbildlichkeit mit Gott wie auch Gewissensfreiheit. In dieser Ebenbildlichkeit und Gewissensfreiheit ist die Schöpferkraft wie auch die individuelle Herrschaft des Menschen über seine Lebensbedingungen verbürgt. Jeder einzelne wird dadurch zur Person mit souveräner Entscheidungsmacht über seine Existenz. Diese bedeutet die umfängliche Autonomie jedes Individuums. Heinrich August Winkler nennt die Gewissensfreiheit des Einzelnen das »Urpostulat des Protestantismus«. Sie stand den herrschenden Verhältnissen entgegen und musste, wie die Menschenwürde, gegen sie erkämpft werden.

Hier und da auch gegen Luther. Seine nie dogmatisch niedergeschriebene Zwei-Reiche-Lehre unterstützte die später folgende Trennung von Staat und Kirche. In ihr ist der Einzelne dem gesetzten Recht unbedingt verpflichtet, während er der göttlichen Ordnung moralisch verbunden ist. Aber, so Luther, in dieser moralischen Welt bewege sich der Mensch als »Person«, während er sich in der realen Welt seines »Amtes« gegenüber der Obrigkeit zum Gehorsam verpflichtet habe. Sollte diese aber ihr Amt und ihre Rechte missbrauchen, habe der Christ ein passives Widerstandsrecht. Als erstes nahmen mitteldeutsche Bauern dieses Widerstandsrecht zum Anlass, im Bauernkrieg gegen die unchristliche Herrschaft der ihnen Dienste und Abgaben abverlangenden Obrigkeit aufzustehen. Ohne Luthers Unterstützung. Er wusste noch nichts von der Gewissens- und Glaubensfreiheit der Moderne oder dem Toleranzgedanken der Aufklärung.

Noch im Jahr 1527 wurde in Leipzig die Schrift »Von der neuen Wandlung eines christlichen Lebens« des Nürnberger Druckers Hans Hergot vertrieben. Hierin sollte auf die Wandlung durch Gottvater im Alten Testament und die Wandlung seines Sohnes im Neuen Testament eine dritte Wandlung des Heiligen Geistes folgen – durch die nämlich adlige Geburt, Privateigentum, Reichtum und weltliche Herrschaft abgeschafft werden und eine völlige Gleichheit unter den Menschen herbeigeführt wird. Noch im selben Jahr wurde Hergot in Leipzig für diese kommunistische Vision hingerichtet.[3]

Denn die lutherische Orthodoxie, wie sie von der ernestinischen Landeskirche praktiziert wurde, drückte sich auch in der Gesetzlichkeit aus. Im Jahr 1532 wurde unter Johann Friedrich eine neue Visitationsinstruktion ausgearbeitet. Für Begräbnisse galt, ähnlich wie zuvor, dass ein gewöhnlicher Verstorbener vom Nachbarn ohne Glockengeläut zum Grab geleitet werden sollte. Ein Bürger des Mittelstands konnte neben den Nachbarn auch von örtlichen Lehrern und Schülern zum Grab geleitet werden. Diese sollten, während das Grab verschlossen wird, singen. Nur für eine angesehene Person durften neben den vorgenannten Personen auch die Kirchendiener an der Beerdigung teilnehmen und die große Glocke geläutet werden.[4] Der Protestantismus hatte also derartige Hierarchien nicht aufgelöst, sondern neu fixiert. Durch den Protestantismus wurde aber auch die Rolle der Frau sozial erweitert. Prominent durch die Tatsache, dass sie nicht mehr nur Nonne sondern auch Pfarrfrau werden konnte. Ob in ihrer berühmtesten Vertreterin, Luthers Ehefrau Katharina von Bora, bereits der Beginn einer Frauenbewegung gesehen werden kann, ist strittig.

Kurfürst Johann Friedrich – der Ernestiner – stand gegen die gegenreformatorische katholische Allianz des Kaisers – als Führer des 1531 von seinem Vater gegründeten protestantischen Schmalkaldischen Bundes, der sich weniger auf Luthers Widerstandsrecht als vielmehr auf das viel ältere Recht zur Gegenwehr berief. Auf Seiten der Allianz kämpfte im Schmalkaldischen Krieg auch der eigentlich protestantische albertinische Herzog Moritz. Nach der Schlacht bei Mühlberg im Jahr 1547 verlor das ernestinische Sachsen rund die Hälfte seines Besitzes und behielt nur die thüringischen Lande. Nachdem die sächsische Kurfürstenwürde der Ernestiner auf die Albertiner übergegangen war, herrschten diese über ein zwar zersplittertes, aber umfangreiches Territorium. Sie stiegen im Reich zur zweitstärksten Kraft hinter Habsburg und, durch einen Koalitionswechsel nach dem »geharnischten Reichstag zu Augsburg«, zur herausragenden Schutzmacht des Protestantismus auf. Gegen das katholisch-monarchische Prinzip des Kaisers Karl V. verteidigte Moritz nun die Prinzipien ständischer Autonomie.

Nach der Reformation waren aber nicht mehr der Papst oder die Bischöfe Oberhäupter der nun protestantischen Landeskirche, sondern der Landesherr war bis 1918 auch geistliches Oberhaupt der sächsischen Untertanen. Wie auch in anderen deutschen Ländern, errichtete Moritz ein landesherrliches Kirchenregiment zum Schutz der Reformation. Die evangelische Landeskirche unterstellte Moritz zwei Konsistorien, denen die Superintendenturen nachgeordnet waren. Über den Konsistorien stand, wie in der Landesverwaltung, der Kurfürst. Dieses Bündnis von Altar und Thron sollte lange währen, auch wenn die Reformation eigentlich die schleichende Trennung von Kirche und Staat irreversibel einleitete. Dreißig Jahre nach dem Thesenanschlag Luthers gab es zwei christliche Kirchen, aber nur noch ein eigentliches Sachsen. Dieses nannte sich zunehmend in Abgrenzung zu den Ernestinern »Kursachsen«.

Noch im Jahr 1547 teilte Kurfürst Moritz dieses Sachsen in vier Kreise. Die waren weniger Verwaltungsbezirke, als vielmehr ständische Steuerbezirke. Erst im Jahr 1764 wurden die Kreise zu Mittelbehörden ausgebaut. Die Ständeversammlung erzwang, dass der jeweilige Kreishauptmann aus der landtagsfähigen Ritterschaft des Kreises stammen musste.[5] In den zwölf Jahren seiner Regierungszeit führte Moritz die entwickelteste Verwaltung aller deutschen Fürstentümer ein. Die für Eigentumsfragen wie auch Polizei und Justiz zuständige zentrale Behörde war ein Hofrat, der – mehr oder weniger unabhängig vom Hof – als Landesregierung fungierte. Ihm waren als mittlere Behörden die Kreise unterstellt, deren Hauptfunktion darin bestand, die lokalen Ämter anzuleiten und zu kontrollieren.

Parallel existierte eine vertikale Gerichtsordnung, an deren Spitze das Oberhofgericht stand. Die Ernestiner hatten mit ihrer Niederlage des Jahres 1547 die Mitbestimmung am Oberhofgericht Leipzig wie auch am Wittenberger Hofgericht verloren. Im Jahr 1548 erließ Moritz deshalb eine Oberhofgerichtsordnung und führte auch das Hofgericht in Wittenberg mit einer Gerichtsordnung wieder ein. Beide Ordnungen sollten bis ins 19. Jahrhundert ihre Gültigkeit behalten.

Mit einer Landesordnung vom Oktober 1555 sollte die bürgerliche Wohlfahrt im allgemeinen Sinne gesichert werden. Vor allem, indem das wirtschaftliche und soziale Leben detailliert geregelt wurde. Moritz etablierte durch eine Bildungsreform, unabhängig von den Kirchen, außerdem ein landesherrliches Schul- und Universitätssystem, nicht zuletzt um seine Verwaltung formal zu bilden und zu integrieren. Dies geschah im reformatorischen Sinne, denn die Reformation war auch eine Bildungsbewegung, die gegen den von Luther erkannten Bildungsnotstand vorging. Kurzum, der Staat ging mit dem Bürgertum eine zukunftsträchtige Allianz ein. Zum Vorteil beider trieben sie den inneren Staatsaufbau voran.

Sächsischen Steuerregistern aus der Mitte des 16. Jahrhunderts zufolge, lebten in Sachsen zu dieser Zeit 560.000 Einwohner. In den etwa 150 Städten wohnten 170.000 Menschen, ein Drittel der Gesamtbevölkerung. Die Hälfte der Bewohner waren Bauern, Bürger etwas mehr als ein Viertel. Während der Landadel 0,5 Prozent der Bevölkerung ausmachte, gehörte ein Prozent der Sachsen der Geistlichkeit an. So stand der Adel einer fünfzigfachen Übermacht von Bürgern gegenüber, die um eine stärkere Beteiligung an der Regierungsgewalt kämpften. Ein Viertel der Bevölkerung bestand aus besitzarmen bis vollkommen besitzlosen Einwohnern der Städte und des Landes. Bis zum Beginn des 19. Jahrhunderts wuchs diese Zahl auf fast drei Viertel.[6] Ihr politischer Einfluss hingegen wuchs nicht.

Als erster protestantischer Wettiner ließ sich Moritz nach seinem Tod im Jahr 1553, da der Meißner Dom noch dem katholischen Bischof unterstand, im Freiberger Dom in der Grablege des Wettiner Herrscherhauses bestatten. Gerahmt von Monumenten und Plastiken sollte sie das Gottesgnadentum der Wettiner wie auch die Kurwürde des ersten albertinischen Kurfürsten unterstreichen. Durch die Reformation waren aber ein für alle Mal Sachsens verbindliches, katholisches Weltbild und die seit den erfolgreichen Missionsversuchen existierende Glaubenseinheit zerstört. Vor allem verlor die christliche Lehre durch ihre Aufspaltung nach und nach die Qualität einer unanfechtbaren letzten Legitimationsgrundlage öffentlicher Herrschaft. Das Gottesgnadentum aber blieb erhalten.

Der Absolutismus modernisiert den Staat, aber nicht die Machthierarchie

Die Wettiner versuchten in dieser Zeit, die Herrschaftsgebiete der wenigen verbliebenen Hochadeligen in ihr Territorium einzubeziehen. Moritzens Nachfolger August konnte die Stiftsgebiete von Naumburg, Meißen und Merseburg wie auch das Vogtland und Teile der Herrschaften Mansfeld und Henneberg in das sächsische Gebiet eingliedern, während der niedere Adel sukzessiv in die Staatsverwaltung eingebunden wurde. Seit 1559 arbeitete in Dresden das Appellationsgericht als oberstes kursächsisches Gericht. Da seit Jahrzehnten nicht mehr nach deutschem Recht und mündlich, sondern nach römischen Recht geurteilt wurde, bedurfte es dafür speziell ausgebildeter Juristen mit funktionalem Machtwissen. Ein Rechtsstudium wurde Voraussetzung für den Staatsdienst. August trennte den Hof weiter von der Regierung, wozu er 1574 den Geheimen Rat als Zentralbehörde gründete. Auf dem Landtag des Jahres 1576 in Torgau zog der Kurfürst Bilanz: Er hätte die Regierung ergänzt, das Appellationsgericht und die Hofgerichte mit Ordnungen versehen und 1572 mit den Kursächsischen Konstitutionen ein umfassendes Gesetzeswerk für Strafsachen erlassen. Mit dem Leipziger Schöffenstuhl gäbe es seit 1574 außerdem eine landesherrliche Spruchbehörde.[7] An die Stelle der durch den Kurfürsten verkörperten Herrschergewalt war somit eine institutionalisierte Form der Herrschaft auf der Grundlage des Rechts getreten. August hinterließ seinem Nachfolger einen funktionierenden frühmodernen Staat.

Der neue Kurfürst Christian I. berief bald keine Landtage mehr ein. Er regierte ohne die Stände, was diese schwächte, dem aufkommenden Absolutismus – einer Königsherrschaft aus eigener Machtvollkommenheit heraus – aber den Grund legte. Während der ausgebremste Landtag auf Dezentralisierung und Gewaltenteilung mit den Inhabern der Grundherrschaft drängte, zentralisierte Christian I. seinen Staat, der durch die immer effizientere Verwaltung integriert wurde. Ihm zur Seite stand der aus dem Leipziger Bürgertum stammende einflussreiche Jurist und Hofrat Nikolaus Krell, der ab 1589 kursächsischer Kanzler war. Mit der sogenannten Krell-Bibel wollte Christian der Bevölkerung die Bibel von der Gegenwart aus aktualisieren und interpretieren, um ihr das reformierte Bekenntnis zu vermitteln. Ihm ging es um eine zweite Reformation, eine dynamische Bewegung, die aber lediglich eine konfessionsgebundene Beamten- und Gebildetenreformation blieb. All dies begünstigte die Ambitionen des Bürgertums und den sich immer mehr entwickelnden modernen Staat, der auf bürgerliche Eliten angewiesen war. Trotzdem wurden weiterhin im Geheimen die politischen Handlungen vollzogen. Politische Entscheidungen ohne Öffentlichkeit, im Arkanum zu treffen, war während des Absolutismus zentrales Herrschaftsprinzip.

Auch gegen diese anmaßende Auslegung des Protestantismus wendete sich Mitte des 16. Jahrhunderts der Zschopauer Mystiker Valentin Weigel, indem er gegen Fürsten und die Obrigkeit anpredigte. Die Kirche als Organisation sei überflüssig, weil jeder Mensch selbst der Tempel sein solle. Gegenüber anderen Religionen müsse man, so Weigel, tolerant sein. Bekannter wurde der zu Beginn des 17. Jahrhunderts in Görlitz arbeitende Schumacher Jakob Böhme. Von Hegel der »erste deutsche Philosoph« genannt, dachte dieser Mystiker nicht nur über das Verhältnis von Gott zu Mensch und Natur nach, sondern vor allem über die Freiheitsfähigkeit des Menschen. Sah er doch im ewigen freien Willen das Göttliche, den Ursprung aller Dinge, deren der Mensch teilhaftig werden kann, um sich selbst als frei zu entwerfen. Seine aphoristische Conclusio: »Ein jeder Mensch ist frei und ist wie ein eigener Gott, er kann sich in diesem Leben in Zorn oder ins Licht verwandeln; was einer für ein Kleid anzieht, das erklärt ihn.« Diese Freiheit konnte mystisch gedacht und empfunden, aber nicht gelebt werden. Auf dem menschlichen Freiheitsvermögen aber beruht die Menschenwürde.

Da im benachbarten Böhmen während des Dreißigjährigen Krieges die Rekatholisierung zur Staatsräson wurde, flohen Tausende protestantische Familien von dort nach Sachsen. Später folgten aus ähnlichen Gründen Hugenotten aus Frankreich. Tatsächlich kamen viele tatkräftige und gut ausgebildete Handwerker in das aufblühende Sachsen. Ihre Wirtschaftsgesinnung drängte auf konkrete Entfaltung. Die Wirtschaft der frühen Neuzeit wurde vom Bürgertum getragen und beherrscht. Nach und nach wandelten sich das Geld des Bürgertums in wirtschaftliche Macht und der Stolz darauf in Standesbewusstsein. Dieses erschöpft sich aber noch weitgehend im Nachahmen adliger Verhaltensweisen wie dem Erwerb von Rittergütern. Die Reformation hatte diese Entwicklung beflügelt. Neben dem Geld wurde Bildung und eine sich zaghaft entwickelnde Öffentlichkeit zur stärksten Waffe des Bürgertums im Kampf mit dem Adel um die oft noch ständisch quotierten Führungspositionen. Nach der Erfindung des Buchdrucks und der publizistischen Flut der Reformation, erschien seit 1660 in Sachsen mit der »Leipziger Zeitung« auch eines der ältesten Blätter im Heiligen Römischen Reich. Es entstanden erste Hausbibliotheken in den Wohnungen des sächsischen Bürgertums. Durch die Schenkung eines begüterten Leipzigers wurde im Jahr 1677 die Leipziger Stadtbibliothek gegründet, die breiteren Bevölkerungsschichten den Zugang zu Fachkenntnissen und damit zur Teilhabe an wirtschaftlichen und gesellschaftlichen Entwicklungen ermöglichte. Leipzig wurde Bürgerstadt, während Dresden als Hauptstadt adelig geprägt blieb.

Während die Dresdner Kunstsammlungen als Einrichtungen des Hofes entstanden, entwickelten sich die Leipziger Kunstsammlungen aus bürgerlichen Gründungen. Die von Johann Sebastian Bach getragene Leipziger Musikkultur erlangte derweil überregionale Ausstrahlung. Als reichste Stadt Sachsens respektierte der Kurfürst viele von Bürgern gewonnene Sonderstellungen Leipzigs, allein schon wegen ihres erheblichen Steueraufkommens. Zunehmend erwarben aber immer mehr Bürger auch Ritter- und Bauerngüter, was durch die Landesordnung von 1530 zwar verboten, jedoch prinzipiell nicht mehr aufzuhalten war. Obwohl die Machtteilhabe des Bürgertums eingeschränkt blieb, expandierte ihre Vermögensteilhabe immer schneller.

Während städtische Bürger oder ganze Städte mit dem Erwerb von ländlichen Gütern auch Grundherrschaften übernahmen, gerieten sie in die Situation, dass sie die innerstädtisch immer mehr zurückgedrängte Feudalordnung gegenüber den ihnen nun untertänigen Bauern aufrechterhielten. Anstelle der aus der Grundherrschaft verdrängten Adligen nahmen nun die Städte oder Bürger die Überschüsse der Frondienste oder den Erbzins ein. Bauern und Tagelöhner blieben so von den vor allem städtischen Partizipations- und Demokratisierungsfortschritten ausgeschlossen.

Das Herrschaftsgebiet der Wettiner bestand bis 1815 aus etwa 20 größeren und kleineren Regionen mit jeweils eigenen Rechtsordnungen, was auch eigene Gesetze, Stände und Behörden bedeutete. Aber auch die Erblande, die ab 1550 durchgängig den Kern Kursachsens bildeten, waren mit Nebenlanden verbunden, sodass die Zentralverwaltung mit unterschiedlichen Ständeversammlungen über Gesetzgebung oder Steuern verhandeln musste. Dies schwächte den Staat und ließ den Herrscherwunsch nach Zentralisierung immer stärker werden.

August der Starke beschränkt die Stände, das Rétablissement ermächtigt das Bürgertum

Kursachsen wurde Zentrum der deutschen Frühaufklärung – wie auch ein Zentrum des Pietismus um den die Frühaufklärung im religiösen Gewand verkörpernden sächsischen Oberhofprediger Philipp Jacob Spener. Der übersiedelte nach Preußen, bevor Kurfürst August der Starke am 1. Juli 1697 einen Konfessionswechsel zum Katholizismus vollzog, wobei er sein Kurfürstentum Sachsen beim evangelisch-lutherischen Glauben beließ. Die Konfession verlor damit unter dem konvertierten August den Charakter der Staatsräson und wurde zur persönlichen Angelegenheit. Aber erst die Philosophie der Aufklärung drängte die lutherische Orthodoxie in Sachsen zurück, stellte die Konfessionswahl in die Entscheidungsmacht des Individuums und half so unter anderem dem Pietisten Nikolaus Ludwig von Zinzendorf mit seiner Brüdergemeine in Herrnhut, sich zu etablieren. Die religiöse Landschaft Sachsens wurde pluraler.

August der Starke konvertierte aus territorial-herrschaftlichen Gründen, um als August II. zum König von Polen-Litauen gekrönt werden zu können. Während seiner Herrschaftszeit, dem »augusteischen Absolutismus« mischten sich in Dresden somit lateinisch-romanische Kultur und slawische Einflüsse. Mitbedingt durch die Toleranzidee, die sich nach dem Dreißigjährigen Krieg entwickelte, wurde Dresden zu einer europäischen Metropole.

Der Hof und die Stände zerfielen derweil in zwei konfessionelle, sich bekriegende Lager. Trotzdem beziehungsweise gerade deshalb gelang es August dem Starken nicht, Sachsen unter seiner Herrschaft zu zentralisieren und die ihn kontrollierenden ständischen und administrativen Kräfte Sachsens unter seine Verfügung zu bringen. August konnte keine absolutistische Zentralverwaltung aufbauen. Finanzielle Unabhängigkeit von den Ständen erreichte er somit nie. Ihren Einfluss drängte er trotzdem weitgehend zurück, konnte ihn aber nicht beseitigen. Sie waren zu stark.

Für die Zeit seiner Abwesenheit installierte August der Starke auch deshalb in Sachsen einen Statthalter. Veranlasst vom Kammerpräsidenten Ludwig Gebhard Freiherr von Hoym wurde im Jahr des Konfessionswechsels von August außerdem ein Generalrevisionsrat eingesetzt. Der sollte die Unzulänglichkeiten vor allem im Steuerwesen beseitigen. Die ausufernde Hofhaltung Augusts und vieles andere verschlangen nämlich einen großen Teil der Steuern der Bevölkerung. So bildete er 1703 ein nur ihm verantwortliches Generalakzisekollegium. In den darauffolgenden Jahren entstand zudem ein Geheimes Kabinett als zentrale Regierungsbehörde, die auch dem ehemals ständisch mitgeführten Geheimen Rat übergeordnet war. Der sächsische Absolutismus hatte seinen Höhepunkt erreicht.

Diese wegen des Einflusses der Stände nicht vollumfänglich absolutistische Regierungsform wurde von den Untertanen nicht nur kritisiert, sondern auch angegriffen. Am 20. November des Jahres 1697 war auf einem Anschlag am Dresdner Rathaus, der sich an Lehrlinge, Handwerksgesellen und Bürger richtete, zu lesen, dass von Hoym das »verfluchte Herz aus dem Leibe zu reißen« und sein Körper zu vierteilen sei. Alle anderen für die Ausplünderung des Volkes verantwortlichen Geheimen Räte müssten außerdem getötet werden, damit das Volk friedlich und ruhig leben könne.[8] Am 2. Juli des Jahres 1702 richtete sich ein weiterer Maueranschlag in Gruna bei Dresden an Bauern und Bürger. Er rief wegen ungerechter Abgaben und Dienste zur Empörung gegen die Großen im Lande sowie August den Starken auf und verlangte, sie zu vergiften und ihre Güter anzuzünden.[9] Im Jahr 1705 erschien die anonyme Schrift »Portrait de la cour de Pologne« in welcher die hohen sächsischen Staatsbeamten nach der Reihenfolge ihrer Missetaten porträtiert wurden. Im Wesentlichen warf man ihnen Egoismus, Dummheit, Korruption, Unterschlagung, falsche Beratung des Herrschers und Intrigen vor.[10] Es war eine Kritik am absolutistisch herrschenden Hof, an dessen Regierungsgeschäften die Stände kaum noch bestimmend Anteil hatten. Diese tatsächliche Schwächung der Stände wurde in der Landtagsordnung vom 11. März 1728 niedergelegt.

Nach dem Tod August des Starken folgte ihm sein Sohn Friedrich August II. im Amt des Kurfürsten und als August III. auch in dem des polnischen Königs. Er führte Sachsen mit verheerenden Folgen in den Siebenjährigen Krieg. Mit seinem Tod endete die Union zwischen Sachsen und Polen. Der von ihm geförderte Heinrich von Brühl stand ab 1746 als Premierminister in seinen Diensten. Ein neues Amt, welches zentralistisch alle Gewalten in sich vereinigte und nur bis 1763 existierte. Zwar behielt sich der Kurfürst und polnische König die letzte Entscheidung vor, Brühl aber führte die Geschäfte und trug zum Ruin Sachsens bei.

Nach dem Ende des von Sachsen im Jahr 1763 verlustreich verlorenen Siebenjährigen Krieges wiedererstarkte Kursachsen finanziell und wurde innerhalb weniger Jahre zum tonangebenden Wirtschaftsstandort in Deutschland. Dies gelang vor allem Dank einer vom nur wenige Monate regierenden Kurfürsten Friedrich Christian veranlassten und Rétablissement genannten Staatsreform. Am 7. August 1763 traten nach vielen Jahren erstmals wieder die Landstände zusammen und brachten eigene Vorschläge zur Staatsreform, wie die Gründung einer Steuerkreditkasse ein. Diese Reform war aber vor allem der Arbeit einer bereits im Jahr 1762 eingesetzten Restaurationskommission unter der Regie neu eingestellter bürgerlicher Beamter zu verdanken, die das heruntergewirtschaftete Land nach rationalistischen Grundsätzen entwickelten. Männer aus dem Leipziger Bürgertum um Thomas von Fritsch, der die Leipziger Vereinigung »pro restauratione patriae« leitete, bildeten den Kern dieser Reformergruppe. Im Jahr 1794 gründete sich die »Leipziger Ökonomische Sozietät« als Gesellschaft zur Förderung von Wirtschaft, Landwirtschaft, Wissenschaft, aber auch Kultur, während der Leipziger Kaufmannssohn Peter von Hohenthal das sächsische Schulwesen wieder aufbaute. In diese Zeit fallen die Gründung der Bergakademie Freiberg im Jahr 1765, die erste Zeichenschule der Porzellanmanufaktur Meißen, die Dresdner Kunstakademie wie auch die erste Realschule 1785 in Dresden. In einzigartiger Weise vereinten sich in diesen Jahren Wirtschaft, Technik, Kunst und Wissenschaft zu einer Allianz, die Sachsens Identität bis heute prägt. Eine ähnliche Reformperiode erfuhr Sachsen erst wieder in den Jahren ab 1830.

Diese dem Rétablissement zugrunde liegenden Reformen betrafen nahezu ausschließlich die Wirtschaft und das Finanzwesen. Auf den Staat wirkten sie insgesamt stabilisierend. Bald konnte der sächsische Haushalt einen Überschuss ausweisen. Mitbestimmungs- oder Wahlrechte für einfache Bürger gab es aber noch immer nicht. Das Bürgertum hatte seinen Geist immerhin in partielle politische Teilhabe und Machtausübung in der alten Ordnung ummünzen können. Die über Wirtschaft- und Finanzwesen hinausgehende Revolution sollte ein paar Jahre später als Französische Revolution auch der politischen Machtteilhabe des Bürgertums den Weg ebnen.

Im Jahr 1763, dem Beginn des Rétablissements, wurde in Preußen zum Zweck der Stabilisierung der Beschlüsse des Westfälischen Friedens der Deutsche Fürstenbund gegründet. Sachsen trat ihm bei und signalisierte damit eine Annäherung an den ungeliebten Nachbarn, wo unter dem absolutistisch regierenden Friedrich dem Großen die Aufklärung blühte.

Die Aufklärung verleiht dem Menschen Würde und bürgerlichem Streben Öffentlichkeit

Seit Mitte des 16. Jahrhunderts studierte fast jeder zweite deutsche Student an einer Universität Mitteldeutschlands. Gegen Ende des 16. Jahrhunderts löste Leipzig Wittenberg als größte deutsche Universität ab, und auch im 17. Jahrhundert waren durchgehend mindestens 35 Prozent der deutschen Studenten in Mitteldeutschland immatrikuliert. Am Ende des 17. Jahrhunderts waren die Universitäten Wittenberg und Leipzig jedoch Heimstätten der lutherischen Orthodoxie. Lediglich die Universität Jena, eine ernestinische Gegengründung zu Wittenberg, öffnete sich dem Naturrecht, das im Gegensatz zum positiven Recht theologisch oder philosophisch begründet wird.

Die Aufklärung trat erst ab Mitte des 18. Jahrhunderts als Bewegung öffentlich in Erscheinung und versuchte das Denken aus althergebrachten Vorstellungen zu befreien und dem durch die verschiedensten Wissenschaften erlangten neuen Wissen Akzeptanz zu verschaffen. Sie nahm sich die, auch von Luther postulierte, Gewissensfreiheit zur Grundlage, wollte aber den Einfluss der lutherischen Kirche beschränken. Die Abhängigkeit von Autoritäten wurde abgelöst durch die Vernunft als Instrument der Selbstbestimmung des Individuums. Die Aufklärung trug so dazu bei, dass eine Person Autorität und Geltung nach ihrem Gemeinwohlbeitrag und nicht allein durch ihre Herkunft erlangen konnte.

Die Philosophie blühte. Sachsen, und hier vor allem Leipzig, wurde »Kernland der bürgerlichen Aufklärung in Deutschland«. Diese fußte wesentlich auf einer die allgemeine Toleranz anstrebenden Religionskritik, ferner auf einer metaphysische Systeme ablehnenden Philosophie sowie einer am Naturrecht orientierten Gesellschaftskonzeption. Dieses Denken ging vom Individuum aus, das sich mit dem Kant'schen »sapere aude« seines eigenen Verstandes bedienen sollte. Viele Schüler albertinischer Fürstenschulen in

Schulpforta, Meißen und Grimma, die während der Reformation aus aufgelösten Klöstern hervorgingen und noch heute die ältesten staatlichen Schulen Deutschlands sind, trieben die Aufklärung weiter voran. Unter ihnen Johann Gottlieb Fichte, Christian Fürchtegott Gellert, Gotthold Ephraim Lessing, Samuel Freiherr von Pufendorf und, viel später, Friedrich Nietzsche.

Der englische Philosoph John Locke entwarf im ausgehenden 17. Jahrhundert die liberale Philosophie von Eigentum, Freiheit und Leben als den Grundrechten eines jeden Bürgers, für deren Schutz der Staat einzustehen habe. Manche sehen in Lockes Philosophie die erste Festschreibung von Menschenrechten. Zu deren Schutz, so Locke, würde das Volk die Herrschaftsgewalt an eine exekutive Gruppe übertragen, der eine gesetzgebende Gruppe zur Seite gestellt wird. Einklagbare Grundrechte beruhen aber auf der Freiheit des Einzelnen, der Gleichheit vor dem Gesetz wie auch der Volkssouveränität. Diese Gedanken von Volkssouveränität und Gewaltenteilung wurden innerhalb folgender liberaler Staatstheorien von unterschiedlichen Denkern weiterentwickelt. Auch in Sachsen.

Wesentliche Anleihen für seine Theoriebildung nahm Locke bei dem wenige Monate vor ihm am 8. Januar 1632 in Dorfchemnitz bei Stollberg geborenen Samuel Pufendorf, der als Begründer der Vernunftsrechtslehre und »Vater der Menschenwürde« gilt. Nach einem Philosophiestudium in Leipzig studierte Pufendorf Rechtswissenschaften in Jena, woran sich eine Hauslehrerstelle in Kopenhagen anschloss. Nach Aufenthalten in den Niederlanden und weiteren Orten ging er 1688, als in England mit der »Glorious Revolution« und der folgenden »Bill of Rights« das Parlament die Souveränitätsteilung mit dem König erlangte, nach Preußen an den Hof des Großen Kurfürsten. Pufendorf dachte das Recht von der menschlichen Erfahrung her, was ihn zum säkularen Naturrecht, dem Vernunftrecht führte. Obwohl auch dieses seinen Ursprung in Gott sieht, entspringt es der erfahrungsgeleiteten Sozialvernunft. Diese führte Pufendorf in seiner 1672 erschienenen Schrift »De iure naturae et gentium« zur Annahme der Gleichheit aller Menschen als Voraussetzung der Würde (dignatio), mit der jeder Mensch von Geburt an ausgestattet sei. »Es ergibt sich aus der Würde der menschlichen Natur und ihrer Vortrefflichkeit, durch die der Mensch allen anderen Lebewesen überlegen ist, dass seine Handlungen nach bestimmten Regeln beurteilt werden. Ohne solche Regeln kann es keine Ordnung geben, keinen Anstand, keine Schönheit. Und so hat der Mensch eine außerordentliche Würde, weil er eine Seele besitzt, die unsterblich ist und erleuchtet durch das Licht seines Verstandes und die Fähigkeit, die Dinge zu beurteilen und unter verschiedenen Möglichkeiten die richtige zu wählen, und die außerdem noch erfahren ist in vielen Künsten.«[11] Folgerichtig warb Pufendorf vor dem Hintergrund des Dreißigjährigen Krieges für religiöse Toleranz und forderte das Hoheitsrecht des Staates über die Kirche. In seinem Heimatland Sachsen galt Pufendorf lange wenig, nicht zuletzt wegen der öffentlichen Verachtung seines Werkes durch den Leipziger Philosophen Gottfried Wilhelm Leibniz.

Leibniz war in Leipzig Schüler von Jakob Thomasius, dessen Sohn Christian Thomasius der erste Hochschullehrer wurde, der in einem Hörsaal deutsch sprach. Außerdem gilt er als einer der bedeutendsten Frühaufklärer Deutschlands. Manche nennen Christian Thomasius gar »Vater der deutschen Aufklärung«. Die Gesellschaft dachte Thomasius vom Einzelnen her. Individuelles Glücksstreben führte laut Thomasius zu Konflikten in der Gesellschaft, so dass nicht in einem naturbelassenen Zustand, sondern nur in einer regulierten politischen Gemeinschaft Ordnung hergestellt werden kann. Neben diesen Gesellschaftsvertrag (*pactum unionis*), der sich um die Staatsziele wie Wohlstand und Sicherheit sorgt, stellte Thomasius den Unterwerfungsvertrag (*pactum subiectionis*). In diesem plädierte er nicht für Gewaltenteilung, sondern für einen aufgeklärten Absolutismus. Praktisch trat Thomasius gegen Hexenprozesse und für die Abschaffung der Folter ein. Aus Vernunftgründen verteidigte er Atheisten. Thomasius musste (nicht nur deshalb) die lutherisch-orthodoxe Leipziger Universität verlassen und wurde Gründungs-Professor der Universität im nahegelegenen und preußisch regierten Halle.

Sein Werk aber wurde in Leipzig weitergeführt. Der in Reichenbach geborene Adam Friedrich Glafey war Thomasius-Anhänger und befasste sich mit dem Recht unter Vernunftaspekten. Sein 1720 veröffentlichtes Werk »Die Grundsätze der bürgerlichen Rechtsgelehrsamkeit« wurde, weil es veraltete Rechtsverhältnisse kritisierte, von der sächsischen Regierung eingezogen, vernichtet und nie wieder aufgelegt. Zwölf Jahre später sprach er in seiner Schrift »Recht der Vernunft« einer sozialen Klasse das Widerstandsrecht gegen despotische Gewalt bei Verletzung der Grundgesetze eines Staates zu. Dieses ebenfalls in Leipzig veröffentlichte Werk erfuhr seitens der Zensurbehörde trotz des proklamierten Widerstandsrechts überraschenderweise keinerlei Kritik.

Mehr gefeiert als kritisiert wurde Gotthold Ephraim Lessing. Der Dramatiker, Fabeldichter und Philosoph wurde am 22. Januar 1729 in Kamenz geboren. Nach dem Besuch der Fürstenschule St. Afra in Meißen ging er an die Universitäten Leipzig und Wittenberg. Später zog es ihn nach Berlin, Breslau und Wolfenbüttel. Im Jahr 1749 stellte er als erster deutscher Theaterautor mit dem Lustspiel »Die Juden« einen Juden in einer positiv besetzten Rolle auf eine Bühne. Sein wohl berühmtestes Werk »Nathan der Weise« wurde 1783 in Berlin uraufgeführt. Besonders durch die Ringparabel, ein Schlüsselstück der Aufklärung, wurde es berühmt und zur bedeutendsten Deklaration religiöser Toleranz in der deutschen Literatur.

Friedrich Schiller hatte seinen »Don Carlos«, der die Tyrannei Philipps II. und allgemein die Despotie mit den Worten »Geben Sie Gedankenfreiheit, Sire!« anklagte, in den Jahren vor der Französischen Revolution in Christian Gottfried Körners Haus in Dresden verfasst. In seinem »Xenion« schreibt er: »Zu essen gebt ihm, zu wohnen. Habt ihr die Blöße bedeckt, gibt sich die Würde von selbst«.[12] Sein Verleger, Georg Joachim Göschen, anfangs in Leipzig, später in Grimma wirkend, publizierte in einer an seinem Todestag erschienenen letzten eigenen Schrift unter dem Titel die »Würde des Menschen« die Geschichte eines Barons, der einem einfachen Bauern begegnet, für dessen Gesinnung er Hochachtung empfindet. Denn, so der Baron, das eigentliche Wesen dieser Menschen bestehe in ihrem tiefen Gefühl für Wahrheit, Recht und Pflicht, der Hoheit ihres Geistes. Schlussendlich würden in ihrer Art die heiligsten Güter der Menschheit mit Aufopferung befördert. Pufendorfs Idee von der Menschenwürde fand also Aufnahme in Philosophie, Staatsrecht und Literatur seiner Heimat und wurde bereits wenige Jahrzehnte nach seinem Tod dort öffentlich weiterentwickelt. Im Jahr 1770 wurde nach preußischem Vorbild auch in Sachsen die der Menschenwürde diametral entgegenstehende Folter abgeschafft.

Nach Jürgen Habermas haben die frühen Institutionen der bürgerlichen Öffentlichkeit ihren Ursprung in einer sich vom Hof lösenden adligen Gesellschaft. Sie entfaltet sich aber erst mit dem viel später einsetzenden bürgerlichen Vereinswesen, das anfangs in Konzerten, Theatern und Museen das große Publikum findet. Andreas Gestrich wiederum beschreibt die ältere Unterscheidung zwischen einer bürgerlichen Öffentlichkeit, welche das absolutistische Staatshandeln transparent machen will, und einer repräsentativen Öffentlichkeit des absolutistischen Herrschers, in der dieser seine Macht inszeniert.[13] Im Gegenzug zur Entwicklung der Öffentlichkeit entstand komplementär die Privatheit als zu schützendes Gut.

Die Öffentlichkeit aber musste von allen einflussreichen Interessenträgern bearbeitet werden, um eine ihnen genehme öffentliche Meinung herzustellen. Allen voran der Monarch, dessen Staatsapparat als Mittler zwischen den Bewohnern Sachsens und dem Herrscherhaus diente. Vom Behördenapparat herausgegebene Intelligenzblätter wurden Verlautbarungsorgan für Bekanntmachungen der Exekutive, Erlasse oder auch Juristisches. Das Bürgertum wiederum publizierte im Rahmen des erlaubten eigene Medien, die es in Salons und Cafés auslegte und diskutierte.

Ab 1682 erschien in Leipzig mit der »Acta Eruditorum« Deutschlands erste wissenschaftliche Zeitschrift – gleichzeitig ein wesentliches Organ der deutschen Aufklärung. Ihr Herausgeber Otto Mencke ermöglichte bereits zwei Jahre später dem Leipziger Professorensohn und Thomasius-Schüler Gottfried Wilhelm Leibniz erste Publikationen in seiner Zeitschrift. Ab 1688 gab Christian Thomasius in Leipzig monatlich mit der Publikation »Teutsche Monate« die erste deutschsprachige Zeitschrift heraus. Hier vertrat er entschieden die Interessen des Bürgertums. So wurden bis zum Jahr 1720 rund 30 Prozent aller Zeitschriften Deutschlands in Leipzig verlegt. Die Medienstadt Leipzig entstand. Daneben publizierte Heinrich Zedler das Universal-Lexicon. Um dieses größte Lexikon-Projekt des 18. Jahrhunderts in Deutschland gruppierten sich viele Aufklärer Sachsens.

Johann Christoph Gottsched, der von Otto Menckes Sohn Burkhard Mencke die »Neuen Zeitungen von gelehrten Sachen« und andere Publikationen übernommen hatte, gab selber in Leipzig aufklärerische Zeitschriften wie »Die vernünftigen Tadlerinnen« und »Der Biedermann« heraus. Er befasste sich mit den Werken des bedeutenden Aufklärers Christian Wolff aus Halle und Gottfried Wilhelm Leibniz, schon bevor er im Jahr 1724 aus Ostpreußen nach Leipzig flüchtete. Hier wurde er zum bedeutendsten deutschen Vertreter der Aufklärung in Literatur und Philologie, auch indem er die Gedanken von Wolff und Leibniz in die Literaturwissenschaft einbrachte. Er formulierte das Prinzip, dass »wir nichts glauben müssen, ohne ein verständiges Argument«.[14] Im Gegensatz zu Thomasius konnte er an der Universität Leipzig reüssieren und war mehrmals ihr Rektor.

Als Mitgründer der »Deutschen Gesellschaft zu Leipzig« bemühte sich Gottsched um Reformen von deutscher Sprache und Literatur, so dass auch in anderen Städten »Deutsche Gesellschaften« entstanden. Gottsched wandte sich weniger an eine existierende Nation, stattdessen an ein Theater- und Lektürepublikum, nämlich die gerade entstehende deutsche »Literatur- gesellschaft«, die eine von der gemeinsamen Sprache gebildete einheitliche Öffentlichkeit darstellte. Aus der sollte sich die Nation formen. Um deren Selbstbewusstsein zu stärken, sie aus der Bindung von kirchlichen, feudalen und anderen Autoritäten zu lösen, verfolgte er ein erzieherisch angelegtes Aufklärungsprogramm. Nicht zuletzt, indem er Werke französischer Auf- klärer übersetzte und publizierte.

Dies tat er unter anderem mit dem 1715 in Hainichen geborenen und auf- gewachsen Christian Fürchtegott Gellert, dem bedeutendsten Schriftstel- ler der mittleren Aufklärung in Deutschland. Gellert studierte ab 1734 an der Universität Leipzig Theologie und Philosophie, hielt dort später auch selbst Vorlesungen, so dass Johann Wolfgang Goethe als Hörer Gellerts Morallehre das »Fundament der deutschen sittlichen Kultur« nannte – auch seiner be- rühmten Fabeln wegen, mit denen er moralische Überzeugungen und sozi- ale Probleme anschaulich vermittelte. So ging er als Urheber literarisch ver- mittelter bürgerlicher Kultur nicht nur in die Literaturgeschichte ein. In seinen Werken wies er dem deutschen Bürgertum sowohl den Weg einer ei- genen Sprache wie auch den einer eigenen Identität. Die deutsche National- literatur und das deutsche Nationalbewusstsein haben nicht nur in Preußen, sondern auch in Sachsen ihren Ursprung. Noch war es das Bewusstsein einer Kulturnation und kein Nationalismus.

So entstand die bürgerliche Öffentlichkeit, innerhalb derer Bürger am gesellschaftlichen und politischen Meinungsbildungsprozess teilnehmen konnten. Wo früher für Denken und Forschen das Wort Kunst verwandt wurde, etablierte sich im Zuge der Aufklärung das Wort Wissenschaft. Als Referenz für Geltung beanspruchendes öffentliches Argumentieren.

Aber noch existierte die ständisch gegliederte Gesellschaft, die sich auch in der kursächsischen Kleiderordnung von 1750 zeigte. Im Wesentlichen unterschied diese innerhalb der Staatsdiener drei Rangstufen, denen sich hierarchisch weitere gesellschaftliche Gruppierungen zurechnen ließen. Während der Adel, ohne Binnendifferenzierung, ausschließlich der ersten Gruppe angehört, verteilte sich das Bürgertum je nach Ämtern, Vermögen oder akademischen Titeln in die erste und die folgenden Gruppen.[15] So war in der Ständegesellschaft der Aufstieg von Bürgerlichen bis zur Angleichung an den Adel möglich geworden. Auch deshalb breiteten sich ab dem 18. Jahrhundert Ehen von adeligen Männern mit Frauen aus bürgerlichen Familien mit Vermögen aus. Im Zuge dieser Vergesellschaftung des Adels wurde für die Adelsvererbung bald nur noch die männliche Linie beachtet. Gellert verfasste mit »Briefe, nebst einer praktischen Abhandlung von dem guten Geschmack in Briefen« im Jahr 1751 ein Lehrbuch für das so prosperierende Bürgertum, das parallel immer stärker adlige Landbesitzungen übernahm.

Die im Ergebnis der Aufklärung entstandene bürgerliche Weltanschauung ist im Kern adelsfeindlich, antifeudal sowie antiklerikal. Aber nicht alle Bürger waren reformerisch gesinnt. Etliche der Kantaten Johann Sebastian Bachs sind vom Gottesgnadentum durchdrungen. Im Gegenzug beteiligten sich einige sächsische Adlige an der Aufklärung. Seit 1763 gab der Gutsbesitzer Peter von Hohenthal in Leipzig das »Intelligenzblatt« heraus. Bereits zuvor hatte er die »Oeconomischen Nachrichten« etabliert, die sich an wohlhabende Gutsbesitzer und Landwirte wandten, so dass später von »Gutsbesitzeraufklärung« geschrieben wurde. Hohenthal versuchte aber auch praktische Neuerungen in der Landwirtschaft auf seinen Gütern umzusetzen und schrieb darüber im Intelligenzblatt. All diese öffentlich publizierten Gedanken setzten den Adel weiter unter Reformdruck. Aber der Hof in Dresden ignorierte das aufklärerische Wirken sächsischen Bürgertums, obwohl aufklärerische Gedanken durch bürgerliche Politiker Einzug in die aufgeklärt-absolutistische Herrschaft des ausgehenden 18. Jahrhunderts erhielten. Der Dresdner Hof jedoch blieb traditionelles Herrschaftszentrum, das nicht alle Eliten, vor allem nicht das immer reichere Wirtschaftsbürgertum, integrierte. Hier blieb der Adel konkurrenzlos.

Die antiklerikale Aufklärung führte auch zur Säkularisierung, dem Lösen der Bindungen an die Kirche. Aus der Territorialkirche wurde sukzessiv eine Kollegialkirche, der man kraft eigenen Entschlusses angehörte und die sich weltlicher Aufgaben nach und nach enthielt. Zwar blieb das landesherrliche Kirchenregiment noch erhalten, aber die katholische wettinische Herrschaft war vom übrigen sächsischen Adel, dem Bürgertum und der sächsischen Bevölkerung, unter der evangelisch-lutherisch Gläubige dominierten, konfessionell getrennt.

Neben dieser sukzessiven Entkopplung von Kirche und Staat, und damit vom Gottesgnadentum, sollte im Rahmen der Debatten der Aufklärung das Staatshandeln demokratischer gestaltet werden. Neben der Rechts- und Gerichtsordnung wurde in diesem Zusammenhang außer der Polizei und dem Strafvollzug auch das Wirtschaftshandeln diskutiert. Neue, bürgerlich-liberale Staatstheorien wurden entwickelt. Diese Debatten führten aber auch zu Polarisierungen, die Strömungscharakter annahmen und die kommenden politischen Bewegungen des Liberalismus, Konservatismus, Demokratismus oder Republikanismus wesentlich mitbedingten.

Französische Revolution und Napoleonische Besetzung führen zu Aufständen und Restauration

Das »lange 19. Jahrhundert« zwischen der Französischen Revolution und dem Ende des Ersten Weltkriegs wird als das »bürgerliche Zeitalter« bezeichnet. Es sollte nicht nur Sachsen, sondern vielen europäischen Ländern hart erkämpfte soziale und wirtschaftliche Freiheiten wie auch die Industrialisierung bringen.

Im Jahr 1768 übernahm Kurfürst Friedrich August III. die Regierung. Seine Herrschaft sollte mit 59 Jahren die längste aller Wettiner werden. Acht Jahre nach seiner Amtsübernahme wurde in den USA die erste moderne Demokratie der Welt eingeführt. Anderthalb Jahrzehnte später erreichten Sachsen die Fernwirkungen der Französischen Revolution, die mit »Freiheit, Gleichheit, Brüderlichkeit« an die Aufklärung ideologisch anschloss, indem sie sich gegen alle kirchlichen und monarchischen Dogmen richtete. Sie politisierte aufklärerisch das Individuum, indem sie theoretisch jedem eine Stimme gab. In ihrer Menschenrechtserklärung gestanden die revoltierenden Franzosen in Artikel 6 aber nur jedem männlichen Bürger Gleichberechtigung in Bezug auf Würde und Ämter zu. Mit ihrer Festlegung der »Volkssouveränität« hingegen nahm die französische Nationalversammlung einen grundlegenden Wechsel des Legitimationsprinzips staatlicher Herrschaft vor. An die Stelle der vom Gottesgnadentum getragenen Monarchie trat das Volk als »Souverän«.

Dieser Gedanke fiel auch in den damaligen deutschen Fürstentümern auf fruchtbaren Boden. Neben der Mainzer Region entwickelte sich der zweite große Aufstand des damaligen Deutschlands im Gefolge der Französischen Revolution im Frühjahr und Herbst 1790 zwischen Lohmen und Lommatzsch. Der »Schwärmer« Christian Benjamin Geißler aus Liebstadt im Osterzgebirge und andere verteilten Aufrufe, die in Gestalt von Flugschriften im Erzgebirge Tausende Bauern gegen die Obrigkeit mobilisierten. Geißler rief in seiner Schrift »Promemoria« zur Revolution gegen Steuern, Rittergutsbesitzer und kirchliches Unrecht auf. Dabei sollten sich die Aufrührer auf den Kurfürsten stützen. Man zog zwar ähnlich den Sansculotten unbewaffnet zur Sommerresidenz des Kurfürsten nach Pillnitz, bald aber wurde Geißler verhaftet.[16] Am 22. Dezember 1794 erging ein Patent »zur Verwarnung der Untertanen auf dem Lande vor allem tumultarischen Benehmen«.

Im August des Jahres 1791 trafen sich im Schloss Pillnitz, eingeladen vom Kurfürsten Friedrich August III., Leopold II. von Österreich und Friedrich Wilhelm II. von Preußen. Die beiden Großmächte versuchten hier, ihren Streit zu beenden und, in Anwesenheit des Grafen von Artois, dem Bruder Ludwigs XVI., Aktionen gegen die Französische Revolution zu beraten. Die Herrscher drohten Frankreich mit einem Interventionskrieg, an dem Sachsen schließlich bis zur Niederlage teilnehmen sollte.

Seit 1792 war der Publizist Andreas Georg Friedrich Rebmann in Dresden tätig. Als Anhänger der Französischen Revolution attackierte er die Monarchie und wurde 1794 aus Sachsen vertrieben. In Leipzig trat ab 1795 der Privatgelehrte Adam Bergk als Schriftsteller öffentlich in Erscheinung. In seinen Schriften trat er der Auffassung entgegen, dass die Aufklärung Revolutionen auslösen würde. Diese würden, laut Bergk, eher von äußeren Bedingungen und einem damit einhergehenden Ungerechtigkeitsempfinden ausgelöst. Sollte aber die Verfassung des Staates mit der moralischen Aufklärung auf selber Höhe sein, könnten Revolutionen vermieden werden. Deshalb plädierte Bergk für Staatsreformen und legte im Jahr 1796 Ideen für eine Verfassung ganz Deutschlands vor. Voranstehenden Menschen- und Bürgerrechten folgte die Beschreibung des Volkes als verfassunggebender Gewalt und eines republikanischen Bundesstaates ohne Preußen und Österreich.[17]

Friedrich August III., bis zur Französischen Revolution ein eher innovativer Monarch, zeigte sich beeindruckt – weniger von solchen Schriften als vielmehr von den Bauernunruhen. Vor allem aber hatte ihn die Hinrichtung seines Cousins und seiner Cousine, König Ludwig XVI. von Frankreich und Königin Marie Antoinette, im Jahr 1793 in Paris getroffen. Im Jahr zuvor war Friedrich Schiller, der sein Frühwerk »Die Räuber« 1782 mit der Widmung »Gegen die Tyrannen« publiziert hatte und seit einiger Zeit in Sachsen-Weimar zu Hause war, die französische Staatsbürgerschaft verliehen worden. Im Mai 1789 sagte Schiller in seiner Antrittsrede an der Universität Jena: »Unser menschliches Jahrhundert herbey zu führen haben sich – ohne es zu wissen oder zu erzielen – alle vorhergehenden Zeitalter angestrengt.«

Mit Beginn des 19. Jahrhunderts gab es im Kurfürstentum und später Königreich Sachsen mehr als 20 landständische Verfassungen. Bis zum Jahr 1815 vertrat der kursächsische Landtag mit seinen drei Corpora (Prälaten, Grafen, Herren/Ritterschaft/Städte) etwa ein Drittel des gesamten Territoriums. Die Lausitzen hatten ihren je eigenen Landtag. Die landständischen Verfassungen begünstigten den landsässigen Adel, während Bürger, die dem Land durch Handel, aber auch Industrie und Handwerk den Wohlstand brachten, lediglich als Vertreter der landtagsfähigen Städte mitbestimmen durften. Bauern oder gar die sich entwickelnde Gruppe der Industriearbeiter waren gar nicht vertreten.

Da aber nicht nur die Kultur und eine publizistische Öffentlichkeit in den großen Städten blühte, sondern durch Messen und Bibliotheken auch immer größere Teile des Volkes um die Zustände in anderen Ländern wussten, wurde diese Unzufriedenheit immer eklatanter. Um die Jahrhundertwende war das Dresdner Haus des Appellationsrates Christian Gottfried Körner, des Vaters von Theodor Körner, Treffpunkt von Künstlern wie Wolfgang Amadeus Mozart, Goethe, Schiller oder Wilhelm von Humboldt, welche diese Zustände teilweise revolutionär kritisierten.

Aber die sächsische Regierung verspielte jeden denkbaren Aufbruch. Zu Beginn des 19. Jahrhunderts setzte Sachsen zu lange auf die falschen Partner. So wurde es 1806, gegen seine eigentlichen Intentionen, von Preußen in den Krieg gegen Napoleon gezwungen. Dieser »Kaiser der Franzosen« sah sich nicht durch das Gottesgnadentum zum Herrscher eines Reiches berufen, sondern als Volkssouverän, Volkskaiser.

Nach der verlorenen Schlacht von Jena und Auerstedt arrangierte sich Sachsen mit Napoleon, der es in den Rheinbund integrierte und weitgehend pfleglich behandelte. Dies markierte den Zusammenbruch des Heiligen Römischen Reiches Deutscher Nation wodurch Sachsen am 20. Dezember 1806 durch einen Franzosen zum Königreich erhoben werden konnte. Das Kurfürstentum wurde aufgelöst, und aus Friedrich August III. wurde König Friedrich August I. von Sachsen, der am Gottesgnadentum festhielt und bald als Napoleons treuester Gefolgsmann in Deutschland galt.

Da Sachsen durch Napoleon weder einschneidende territoriale Neuordnungen erfahren hatte noch sich durch den Franzosen in seiner Existenz bedroht sah, stand es nicht wie Baden oder Preußen unter Reformdruck. Die ständisch geprägten politischen Institutionen aus dem Mittelalter bestanden fort, neben der immer moderneren Verwaltungsstruktur, die ein behördenorientiertes Staatshandeln ermöglichte. In Preußen wurde durch Stein und Hardenberg der Staat reformiert, wohingegen in Sachsen der gleichgesinnte »Siebeneichener Kreis« um Dietrich von Miltitz wenig erfolgreich agierte. In Sachsen blieb eher alles beim Alten. Die Bauern wurden nicht befreit und im Jahr 1812 wurde sogar die Zensur eingeführt.

Als 1813 die Reste der sächsischen Armee gemeinsam mit Napoleons Truppen aus Russland geschlagen zurückkehrten, mobilisierte dies große Teile des sächsischen Bürgertums. Gerade von Leipzig ging eine patriotisch-nationale Bewegung aus, und der Dresdner Theodor Körner wurde nicht nur als Mitglied des Lützowschen Freikorps, sondern als Liederdichter – »Es ist Süß, für sein Vaterland zu sterben!« – gegen Napoleon deutschlandweit bekannt.

Während dieser Befreiungskriege gewann das Bürgertum gegenüber dem König in einem neuen Maße an Gewicht. Sein Wunsch nach einer politischen Einheit aller deutschen Staaten konnte nicht mehr ignoriert, aber auch nicht eingelöst werden. Johann Gottlieb Fichte war zwar Sachse, seine Reden an die deutsche Nation hielt er jedoch in Berlin, wo er der erste Dekan der neu gegründeten Universität war, während in Dresden die Romantik blühte. Aus dem Bewusstsein einer Kulturnation wurde schleichend Nationalismus. Das liberale und nationale Bürgertum differenzierte sich derweil in immer zahlreichere Gruppen, die auf ihre jeweilige Art politische Mitsprache verlangten und so die sogenannte Phase des Vormärz, die gesellschaftspolitisierende Epoche zwischen der Julirevolution und der bürgerlichen Revolution von 1848, prägten.

Im Zentrum aller ihrer Überlegungen stand Pufendorfs unveräußerliche Menschenwürde, welche, die Standeszugehörigkeit vernachlässigend, die Persönlichkeit betonte und damit auch den mit der Industrialisierung einhergehenden Funktionalisierungsprozess des einzelnen Menschen vorwegnahm und teilweise auch begünstigte. Durch die »Doppelrevolution« von Aufklärung und Französischer Revolution gelangten neben der Kritik an der Monarchie aber auch der Toleranzgedanke und das von ihm umkreiste Individuum in die gesellschaftliche Debatte.

Im Oktober 1813 verlor Sachsen mit Napoleon in der Völkerschlacht bei Leipzig gegen die alliierte Armee und wurde Generalgouvernement der Siegermächte. Nikolai Grigorjewitsch Repnin-Wolkonski, nach der Völkerschlacht russischer Generalgouverneur und Vizekönig von Sachsen, förderte den Wiederaufbau des Landes und machte unter anderem den Großen Garten in Dresden für die Öffentlichkeit zugänglich. Über den mit der Ausführung seiner Befehle beauftragten Freiherrn von Friesen veranlasste er außerdem den Umbau der Königlich Sächsischen Akademie. Beim anschließenden Wiener Kongress verhinderten England, Frankreich und Österreich, dass sich Preußen Sachsen gänzlich einverleibte und stattdessen »nur« etwas mehr als die Hälfte des Territoriums mit der Hälfte seiner Bevölkerung erhielt. Auf diesem Kongress wurde aber auch, betrieben vor allem vom »geschlagenen« französischen Außenminister Charles Maurice de Talleyrand, das Legitimitätsprinzip, die Rechtfertigung staatlicher Macht mit allgemeinverbindlichen Prinzipien, zum gültigen Begriff in der politischen Ordnung.

Auf einen Mittelstaat geschrumpft – zwischen dem nationaldeutsch ausgerichteten Preußen und dem multinationalen Österreich, die um die Vorherrschaft im 1815 gegründeten Deutschen Bund konkurrierten –, konnte Sachsen vorerst innerhalb des Deutschen Bundes selbstständig bleiben, obwohl es seine politische Eigenständigkeit weitgehend eingebüßt hatte. Sachsen lehnte sich im Deutschen Bund, der die monarchischen Verhältnisse restaurierte, an Österreich an und übernahm von dort dessen Restaurationspolitik. Diese war im Kern christlich, national und antiaufklärerisch, was auch antifranzösisch bedeutete. Im Gegenzug gründeten sich in deutschen Universitätsstädten ab 1815 Burschenschaften. Den Zielen der Restaurationspolitik setzten sie ihr Eintreten für das geeinte Deutschland und die Befreiung von obrigkeitlicher Repression entgegen.

Manche Räte und Minister, die mit aufklärerischen Staatslehren oder den Reformen in anderen Rheinbundstaaten vertraut waren, drängten hingegen auf Veränderungen im sächsischen Staatsaufbau. Sie wollten beispielsweise die Standeskörperschaften zu einer allgemeinen Volksvertretung umformen oder den Staat unter einer Verfassung vereinheitlichen. Allein der Konservatismus des Königs und die Interessen der bevorrechteten Stände ließen sie scheitern. In vielen der anderen deutschen Teilstaaten, deren Zahl sich Anfang des 19. Jahrhunderts von etwa 300 auf 38 verringert hatte, schritten hingegen Reformen in Richtung der Einführung einer konstitutionellen Monarchie voran.

Einiges tat sich aber auch in Sachsen. Im Jahr 1818 ging das sächsische Königreich dazu über, seine Gesetze kontinuierlich in einer Sammlung zu publizieren. Erstmalig wurde jedoch auch verfügt, dass nicht mehr alle Gesetze wie bisher den unteren Behörden zum Anschlag an den Gerichten übergeben werden sollten, sondern nur noch jene, welche konkrete Vorschriften für die Untertanen enthielten. Machtwissen wurde gepflegt.

Der konservative Kabinettsminister Graf Detlev von Einsiedel bestimmte seit 1813 die sächsische Regierungspolitik. Ab dem Jahr 1817 lag die Führung Sachsens in der Hand des von ihm geleiteten »Geheimen Kabinetts«. Es folgte weitgehend der vom österreichischen Außenminister Klemens Wenzel von Metternich vorangetriebenen Restaurationspolitik, der Verteidigung des monarchischen Prinzips gegen jegliche Opposition. Nachdem auf dem Wartburgfest am 18. Oktober 1817 bei Eisenach in Sachsen-Weimar Studenten und Professoren sowohl der Reformation wie auch der Leipziger Völkerschlacht als Höhepunkt der Befreiungskriege gedachten und beispielsweise einen preußischen Gardeschnürleib und einen österreichischen Korporalstock verbrannten, stellte sich Großherzog Karl August von Weimar zwar vor die Rebellen, nach zwei Attentaten trieb Metternich den Deutschen Bund aber zu den sogenannten Karlsbader Beschlüssen. Burschenschaften wurden verboten, Professoren politische Kritik untersagt und Universitäten generell der Polizeiaufsicht unterstellt. Als erste Bundesbehörde wurden eine politische Polizei sowie eine zentrale Behörde zur Untersuchung der revolutionären Umtriebe installiert. Die Zensur für Publikationen mit weniger als 320 Seiten Umfang wurde eingeführt. Der in Dresden malende Caspar David Friedrich hüllte seine Gestalten in dieser Zeit oft in altdeutsche Trachten. Diese trugen liberale Künstler und Studenten aus Protest gegen eine solch bevormundende Politik.

Wer sich politisch nicht abweichend positionierte und bevorzugt wirtschaftlich agierte, konnte parallel jedoch großen Erfolg haben. Am Beispiel Maximilian Specks lässt sich für Sachsen der Übergang adligen Grundbesitzes an das Bürgertum demonstrieren. Mit dem Erwerb des Erb- und Lehnguts Lützschena erhielt er die Gerichtsherrschaft und das Kirchenpatronat über den Ort wie auch die Aussicht auf eine Erhebung in den Adelsstand. Noch galt Landbesitz als »eine zentrale Grundlage adliger Selbstbehauptung, häufig der materiellen Existenz, insbesondere aber des Standesbewusstseins«.[18] Am 23. Januar 1829 wurde Maximilian von Speck in den titulierten Erbadelsstand eines Freiherrn erhoben. Wo das Bürgertum in eine landbesitzende Grundherrenexistenz eintrat oder in Militär und Bürokratie hohe Ämter bekleidete, übernahm es regelmäßig die Privilegien der alten Führungs-schichten sowie ihr herrschaftliches Handlungsrepertoire.

Die Landwirtschaft spielte mit der Zeit eine immer kleinere Rolle in der prosperierenden Wirtschaft Sachsens. Das Land der Wettiner war auch kraft seiner Kohlevorkommen und seines Manufakturwesens während der Zeit der frühen Industrialisierung im ersten Drittel des 19. Jahrhunderts Deutschlands führende Industrieregion. Besonders in den Bereichen Maschinenbau und Textilindustrie nahm Sachsen eine herausragende Stellung ein. Es wurde zum »Pionierland der Industriellen Revolution«, Städte und Bürgertum blühten auf.

Die Verfassung von 1831 fixiert Grundrechte und gewährt Ausgewählten Machtbeteiligung

Das Bürgertum organisierte sich in der Restaurationsphase in Vereinen, die offiziell kulturelle Anliegen pflegten. Sie wurden auch von Beamten und anderen Entscheidungsträgern besucht, so dass das Bürgertum über diese Vereine gelegentlich informellen Einfluss auf Regierungsentscheidungen nehmen konnte. Im Jahr 1830 jedoch wandten sich die meisten bürgerlichen Vereine noch gegen die Regierung.

Als erster deutscher Staat wurde Sachsen von der Juli-Revolution des Jahres 1830 in Paris erfasst. Prinz Friedrich August versuchte mit dem neuen Grundsatz »Vertrauen erweckt wieder Vertrauen« den liberalen Kräften entgegenzukommen. Vergeblich. In Leipzig brachen am 2. September 1830 Unruhen gegen die Stadtregierung aus, die am 9. September auch auf Dresden übergriffen. Dort versammelten sich im Großen Garten unter dem Gesang der »Marseillaise« Lohnarbeiter und Studenten, sie stürmten das Rathaus und zerstörten nicht nur Fensterscheiben. Zwar wurde der Aufstand weitgehend niedergeschlagen, aber auch eine Kommission gebildet, welche der Aufrechterhaltung der öffentlichen Ordnung dienen sollte. Zum ersten Mal fanden sich in Sachsen Bürger in Versammlungen zusammen, um von einer öffentlichen Instanz, nämlich dieser Kommission die Einberufung der Landstände, eine weitergehende Präsentation der Bürger im Landtag wie auch die Einführung einer modernen Stadtordnung zu verlangen. Solche und weitere Forderungen verstummten nicht und markierten auch die erstmalige Mitwirkung breiter Schichten des Bürgertums an der Regierungsführung.

Der Aufruhr richtete sich aber weniger gegen die Regierung als vielmehr gegen die städtischen Honoratioren und die Polizei. Hilfeheischend erklärte der erschrockene Dresdner Rat: »Unsere Stadt ist in großer Gefahr.«

Vom 14. bis 16. Oktober 1830 wurden von den wenigen Bürgern der Stadt, die eine Bürgerschaftsgebühr von zwölf Talern zahlten, in direkter Wahl zum ersten Mal 48 ansässige und 18 nichtansässige Bürger als Repräsentanten der Kommune in die Bürgerschaft gewählt – vielleicht auch deshalb, weil am 4. Oktober Dresdner Tagelöhner und Handwerker für ihr Wahlrecht demonstriert hatten. Wegen dieser Aufteilung in nichtansässige und ansässige Bürger, vor allem aber, weil von 69.000 Einwohnern nur 4 Prozent das Wahlrecht ausüben durften und dieses bis 1918 an den das Bürgerrecht innehabenden männlichen Dresdner gebunden war, kann nicht von geheimen und freien Wahlen gesprochen werden. Ein demokratischer Fortschritt war es trotzdem.

Aber die Dresdner Bürger empörten sich weiter. Nachdem am 4. Dezember 1830 die Nationalgarde von der Regierung aufgelöst worden war, bildete der Rechtsanwalt Bernhard Moßdorf aus ihren entschiedensten Streitern den »Dresdner Bürgerverein«, der bald 2.000 Mitglieder hatte. Der Bürgerverein war die erste radikal-demokratisch organisierte Bürger-Bewegung in Sachsen, eventuell sogar in ganz Deutschland. Moßdorf wollte sie in eine politische Organisation umwandeln.

Derartige Vereine wurden in Sachsen an vielen Orten gegründet. Sie schufen sich mit der Heraugabe eigener Publikationen, Versammlungen zu Lesegesellschaften oder Diskussionen in Kaffeehäusern zunehmend ihre eigene, selbstbestimmte Öffentlichkeit, die sich oft gegen das Meinungsdiktat richtete. Der bereits ein Jahr vor dem Dresdner Bürgerverein gegründete »Leipziger Bürgerverein vom Jahre 1829 e. V.« agierte weniger radikal als der Dresdner, erwirkte aber eine neue Städteordnung, die in Leipzig ab 1831 praktiziert wurde, obwohl sie erst ein Jahr später in Kraft trat. In ihr war festgelegt, dass die Leipziger Bürger erstmals eine Stadtverordnetenversammlung wählten, die einen ihr rechenschaftspflichtigen Rat bestimmte.

König Anton nutzte die Unruhen für einen Staatsumbau und entließ den konservativen und sich jeglichen Reformen widersetzenden leitenden Kabinettsminister Graf von Einsiedel. Auch wenn der sich sukzessiv entwickelnde Liberalismus eher bürgerlichen Impulsen zugerechnet wird, gab es in Sachsen, in Fortführung der »Gutsbesitzeraufklärung«, einen »konstitutionellen Liberalismus« in der Form eines »aristokratischen Liberalismus«, der zu den Reformen des Jahres 1831 führte – laut Rudolf Muhs »eine bemerkenswerte Ausnahmeerscheinung in der deutschen Verfassungsgeschichte des Vormärz«.[19] Zu diesen aristokratischen Liberalen gehörte der am 13. September 1830 auf Einsiedel folgende Bernhard von Lindenau. In einer Rede hatte er Ende Januar 1831 gefordert, dass »das aristokratische Prinzip verschwinden möge.«[20]

Auch auf sein Betreiben hin bekam Sachsen im September 1831 seine erste, eine noch monarchisch geprägte Verfassung – die rechtliche Grundlegung der konstitutionellen Monarchie. Im Vergleich zu Ländern wie Bayern, Hessen oder Württemberg war Sachsen damit ein Nachzügler. Für Sachsen begann mit dieser Verfassung aber das konstitutionelle Zeitalter, mit den es, trotz Königs, einen ersten Schritt in den bürgerlichen Verfassungsstaat machte.

Schon am 21. September 1830 beauftragte der König den Geheimen Rat mit der Ausarbeitung eines Verfassungsentwurfs, was der Monarch am 5. Oktober auch der Öffentlichkeit kundtat. Unmittelbar danach erschien der Verfassungsentwurf eines sich »C. v. S.« nennenden anonymen Autors. Seine 33 Seiten starke Publikation stellt den ersten Entwurf für eine Verfassung Sachsens dar, ist in zehn Kapitel aufgeteilt und lehnt sich an die württembergische Verfassung an. Er forderte die Gleichheit und Freiheit aller Staatsbürger, den ungehinderten Zugang zu allen Staatsämtern ohne Prüfung von Ansehen und Herkunft sowie einen Staatsgerichtshof. In seinen dem Text beigefügten kommentierenden Gedanken verwies der Autor auf die sächsische Geschichte, in der das Gemeinwesen blühte als die sächsischen Fürsten die Belange des Volkes berücksichtigt hätten. Dieser ursprüngliche Zustand wäre von einer Phase des Verfalls abgelöst worden, und nun sei es an der Zeit, die ursprüngliche Harmonie der geistigen Wechselwirkung zwischen Nation und Landesfürsten durch Reformen wiederherzustellen. Knapp 100 Jahre später konnte im Jahr der Machtergreifung Adolf Hitlers der Verfasser identifiziert werden. Die Schrift wird seitdem dem jungen Referendar bei der sächsischen Landesregierung Carl von Salza und Lichtenau aus Wurzen zugeschrieben.

Aber auch Moßdorf, vertraut mit dem süddeutschen Konstitutionalismus, hatte für den »Dresdner Bürgerverein« einen Verfassungsentwurf erarbeitet, drucken und illegal verbreiten lassen. Genannt »Constitution, wie sie das sächsische Volk wünscht«, wurde sie von dem niedergeschriebenen Motto »Und wird sie nicht gewährt, so pochen wir mit dem Flintenkolben an« begleitet. Moßdorfs Verfassungsentwurf lehnte sich an Charles Montesquieus Theorie von der Gewaltenteilung an und sah eine das gesamte Volk vertretende gesetzgebende Kammer vor. Die Monarchie wollte er weitgehend auf repräsentative Aufgaben beschränken, während jeder Staatsbürger über 25 Jahren wählen durfte. Ausgeschlossen blieb jedoch, wer in Lohndiensten stand oder keine direkten Steuern zahlte. Der Adel sollte abgeschafft und die Trennung von Kirche und Staat vollzogen werden. Die Unverletzlichkeit der Wohnung sollte genauso garantiert werden wie das Briefgeheimnis. Die Zensur hatte in Moßdorfs Entwurf keinen Platz, dafür aber das Recht auf freie Meinungsäußerung. Alle Sachsen sollten vor dem Gesetz gleich sein. Während Moßdorf das aus den Befreiungskriegen herrührende Versprechen auf die Einheit Deutschlands eingelöst sehen wollte, forderten andere Liberale dieser Zeit den Föderalismus.

Der König hatte einerseits die Erstellung einer Verfassung angeregt, wollte sie aber andererseits ausschließlich mit den Ständen erarbeiten sowie keine öffentlichen Debatten über sie führen. Deshalb wurde der »Dresdner Bürgerverein« am 6. April 1831 verboten. Dieser ließ aber Moßdorfs Verfassungsentwurf am 15. April in einer Versammlung verlesen, was am darauffolgenden Tag fortgesetzt werden sollte. Das dafür vorgesehene Café Creutz am Altmarkt wurde jedoch von der Obrigkeit geschlossen und Moßdorf und andere verhaftet. Tumulte und Gefangenenbefreiungen folgten, Moßdorfs Verfassungsentwurf erlangte nie Rechtskraft, der bürgerliche Widerstand gegen das gemäßigt liberale Verfassungsprojekt war gescheitert.

Den »offiziellen Verfassungsentwurf« erstellte Bernhard von Lindenau. Die Ständeversammlung diskutierte ihn am 1. März 1831. Ständevertreter schrieben am 19. Juli 1831 ihre Vorstellungen nieder, woran sich ein Streit zwischen den Ständen, dem Geheimen Rat und den Ministern vor allem um das Wahlrecht anschloss. Nach vielen Streitigkeiten trat die Verfassung am 4. September 1831, dem ersten Jahrestag der Septemberunruhen, in Kraft und sollte für 87 Jahre, bis zum 28. Februar 1919, ihre Gültigkeit behalten.

Die Septemberverfassung des Jahres 1831 war das erste umfassende Staatsgrundgesetz Sachsens. Sie fand ihre Vorbilder in den Verfassungen süddeutscher Staaten und ihre Leitlinien an den Rahmengesetzgebungen des Deutschen Bundes. Diese verlangten eine Monarchie mit landständischer, nicht repräsentativer Verfassung auf Grundlage der Volkssouveränität. Die Staatsgewalt sollte insgesamt beim Staatsoberhaupt bleiben und nicht von der Zustimmung der Stände abhängen. Eine unvollständige Gewaltenteilung wurde fixiert, Legislative, Exekutive und Judikative definiert.

Grundrechte wurden nicht nur festgeschrieben sondern durch ihren gerichtlichen Schutz auch einklagbar. Etliche Abschnitte der Verfassung aber schrieben keinen Rechtszustand fest, sondern entwarfen ein Reformprogramm. Die Staatsgewalt ging immer noch nicht vom Volk sondern weiterhin vom König aus. Die Verfassung verbürgte aber in sieben Kapiteln bis dahin nicht festgeschriebene beziehungsweise gültige Rechte und enthielt neben Geboten wie der Gleichheit aller Bürger vor dem Gesetz, dem Briefgeheimnis, der Glaubensfreiheit beziehungsweise der Trennung von Staat und Kirche auch Elemente, die sie als den frühen, um nicht zu sagen, ersten Versuch eines revolutionär-bürgerlichen Gegenentwurfs zur bestehenden Monarchie in Deutschland qualifizieren.

Im dritten Abschnitt der Verfassung »Von den allgemeinen Rechten und Pflichten der Untertanen« wurde in Paragraf 27 die Freiheit der Person und die Freiheit des Eigentums genauso festgelegt wie in Paragraf 29 die Freizügigkeit aller sächsischen Staatsangehörigen. Staatsbürgerliche Gleichheit wurde hergestellt, indem die Vorrechte des Adels als Stand abgeschafft wurden, auch wenn es die königliche Familie und die standesherrlichen Häuser Schönburg und Solms betreffende Ausnahmen gab. Frauen wurde Rechtsmündigkeit zugestanden. Die Verfassung verbürgte zwar »völlige Gewissensfreiheit«, doch gleiche politische und bürgerliche Rechte, genauso wie das Recht zur öffentlichen Religionsausübung, erhielten nur Christen. Die starke lutherische Landeskirche hatte in Paragraf 56 außerdem durchgesetzt, dass weder neue Klöster errichtet noch Jesuiten oder andere Orden im Land aufgenommen werden dürfen. Für »Andersgläubige« sollten zukünftig Regeln erarbeitet werden.

Die Verfassung führte nicht die Meinungsfreiheit ein. Vielmehr fand sich in ihr der Satz: »Die Angelegenheiten der Presse und des Buchhandels werden durch ein Gesetz geordnet werden, welches die Freiheit derselben [...] als Grundsatz feststellen wird.«[21] Zwar wurde im Jahr 1836 ein Pressegesetz verabschiedet, das aber die Zensur eher strikter gestaltete. Die Kleinstaaterei hingegen ermögliche es liberalen Autoren, ihre Werke im nahen Altenburg oder in entfernteren Ländern drucken zu lassen, um sie dann in Sachsen illegal zu vertreiben.

Die Verfassung führte noch nicht den Rechtsstaat ein, wandte sich aber in seine Richtung. Zwar war sie sowohl höchste Rechtsnorm wie auch Rechtsgrundlage auf der Basis von Gewaltenteilung und Rechtsgebundenheit, die Instanzen dies zu kontrollieren und zu gewährleisten fehlten aber weitgehend. Noch waren Verfassungsstaat und Rechtsstaat nicht identisch.

Sachsen tritt in das Zeitalter
des Parlamentarismus ein

Zwar blieb Sachsen eine Monarchie, aber durch den nun beginnenden Parlamentarismus wurden immer mehr sächsische Bürger in das immer komplexere Staatshandeln eingebunden. Mit der Verfassung wurde ein Zweikammersystem begründet, aber kein demokratischer Parlamentarismus etabliert, in welchem die Regierung von einer Mehrheit in einem aus allgemeinen Wahlen hervorgegangenen Parlament abhängig gewesen wäre. Das von der Verfassung vorgeschriebene Zensuswahlrecht wurde am 24. September 1831 eingeführt. Bürger mit Besitz erhielten sowohl das passive wie auch das aktive Wahlrecht zum Landtag und den Kommunalparlamenten. Die 42 Mitglieder der ersten Kammer waren nach dem Stände-Prinzip zusammengesetzt. Die 75 Mitglieder der zweiten Kammer des Parlaments, unter ihnen 25 Bauern aber auch Vertreter von Handel und Industrie, wurden nach einem Recht gewählt, das nur Männern zugestanden wurde und an die Höhe der gezahlten Steuern geknüpft war. Lohnarbeiter wie auch Fremde und Frauen blieben hingegen vom Wahlrecht ausgeschlossen.

Dieser in zwei Kammern gegliederte Landtag hatte die alleinige Gesetzgebungsbefugnis. In der zweiten Kammer saßen nun vier verschiedene Gruppen, die sich nach Wohnort und Besitz unterschieden. Mit Beginn der vierziger Jahre des 19. Jahrhunderts unterteilte sich diese Kammer informell noch einmal in ein weltanschaulich konservatives und ein liberales Lager. In der ersten wie der zweiten Kammer des Parlaments hatte der Adel weiterhin eine Vormachtstellung, was sich erst mit den Wahlrechtsreformen der Jahre 1903 und 1909 zugunsten von Bürgerlichen und Sozialdemokraten ändern sollte.

Dieser Landtag, dessen künftige Rolle in der Verfassung den vergleichsweise größten Raum einnahm, blieb gegenüber der Regierung schwach und vor allem nicht repräsentativ, sondern ständisch. Doch gewann er gegenüber dem weiterhin als Souverän und somit Teil der Legislative auftretenden König an Macht. Die Abgeordneten konnten trotz Fortbestehens der Zensur öffentlich und frei ihre Gedanken äußern, aber auch Gesetzesvorlagen erbitten. Der konstitutionelle Landtag trat wegen der Verzögerungstaktik der Konservativen erst im Jahr 1833 zusammen. Hier wurden viele, die Emanzipation der unterprivilegierten Bevölkerungsschichten wie auch der Juden betreffende Debatten geführt.

Der König und sein Kabinett entschieden auch zukünftig über die Einberufung des Landtags, dessen Tagesordnung und weitere wichtige Verfahren. Der König leitete nicht nur ein Gesamtministerium mit von ihm ernannten Ministern, er gab ihnen auch die Richtlinien vor und war weder vom Landtag absetzbar noch den Ministern gegenüber rechenschaftspflichtig. Mit der Ministerialorganisation entstanden unter anderem ein selbstständiges Justiz- wie auch Innenministerium.

Der sächsische König Anton hatte außer seiner Unterschrift wenig zu dieser Verfassung beigetragen. Es war ein Werk des Bürgertums. Das erste größere Gesetzeswerk Sachsens, das nicht von den Wettinern ausging. In ihm hatte das Bürgertum die ständische Gesellschaft weitgehend mit seiner Staatsform, der konstitutionellen Monarchie, abgelöst und gesellschaftliche Willensbildungsprozesse weitgehend an sich gerissen. Der demokratische Gehalt der Verfassung übertraf die älteren Stein-Hardenbergschen Reformen Preußens. Immer mehr Bereiche des öffentlichen Lebens wurden rationalisiert.

Die Verfassung hatte zur Folge, dass der von liberalen Kräften schon lange intendierte Umbau des Staates in Angriff genommen werden konnte. Nicht nur der Landtag, auch die Regierung und die ihr nachgeordnete Verwaltung wurden grundständig neu strukturiert und auf zentraler Verwaltungsebene eine Ministerialorganisation eingeführt. In den Monaten nach Inkrafttreten der Verfassung wurde unter anderem eine neue Städteordnung erlassen. Am 17. März 1832 wurde mit dem Gesetz über Ablösungen und Gemeinheitsteilungen eine Agrarreform durchgeführt, welche die meisten Fronpflichten und die Erbuntertänigkeit abschaffte. Im Gegensatz zu Preußen mussten die Bauern im Gegenzug kein Land an den ehemaligen Grundherren abgeben, sondern lediglich Ablösen zahlen. Die sächsische Regierung gründete für diesen Zweck eine Landrentenbank, welche einerseits den ehemaligen Grundherren Landrentenbriefe ausstellte sowie den befreiten Bauern Hy-

potheken mit einer 55-jährigen Tilgungszeit einräumte. Aber auch die nun
mehr in den gesellschaftlichen Mitbestimmungsprozess einbezogenen Bauern blieben weitgehend »politisch desinteressiert und christlich-konserva-
tiv«,[22] so dass sie zu keiner Zeit zu einer Demokratisierungsbestrebungen
vorantreibenden Gruppe wurden.

Aber auch Landgemeinden erhielten gewählte Bürgervertretungen und
eine demokratische Ordnung. Die Gerichtsverfassung wurde liberalisiert,
der Leipziger Schöppenstuhl im Jahr 1835 aufgelöst. Das im 15. Jahrhundert
gegründete Oberhofgericht verlor seine Funktion. Durch neu eingerichtete
Gerichtsamtsbezirke wurde im Jahr 1855 die Gerichtsbarkeit zwar verstaat-
licht. Aber erst durch das Behördenorganisationsgesetz vom 21. April 1873
wurde die Verwaltung bis auf die unterste Verwaltungsebene von der Justiz
getrennt. Nach der Gründung des Norddeutschen Bundes 1867 und des Deutschen Reichs 1871 ging der Staatsumbau Sachsens weiter. Die 1874 revidierte
Städteordnung ermöglichte es mehr Einwohnern, das Bürgerrecht und damit das Wahlrecht zu erlangen.

Sachsen hatte seine erste umfassende Staatsreform erfahren. Mit der Verfassung und den Reformen von Verwaltung, Justiz, Heer, Volksbildung und
Agrarwesen sowie den Städte- und Landgemeindeordnungen wurde das Re-
gierungshandeln partizipativer gestaltet. Zu Ehren der Staatsreform errichteten die Zwickauer Bürger die einzige Konstitutionssäule Sachsens,
während in Dresden ein Anton-Monument zu Ehren des Königs aufgestellt
wurde.

Obwohl sich die Ständegesellschaft auch dank der Verfassung langsam
auflöste, gelang es dem Adel, weiter seinen Einfluss in Gesellschaft und Politik zu behaupten. Vor allem im Militär, aber auch am Hof, in der Regierung
und der Diplomatie übte er einen dominierenden Einfluss aus. Auch die Repressionen auf der Ebene des Deutschen Bundes wurden nach der Revolution
von 1830 – aber auch nach dem letztendlich gescheiterten Wachensturm in
Frankfurt vom 3. April 1833, durch den Burschenschaftler sowohl Waffen wie
auch die Kasse des Deutschen Bundes an sich bringen wollten – jeweils verschärft. Im Jahr 1834 wurde durch die »Geheimartikel« des Deutschen Bundes nicht nur Sachsen mit einem Netz von Spionen durchwirkt. Bereits unmittelbar nach dem Wachensturm löste sich die Leipziger Burschenschaft
am 24. April 1833 auf.

In Vereinen werden demokratische Verfahren eingeübt und demokratische Ziele verfolgt

Eduard Veh beschreibt das Dresden um 1800 rückblickend mit folgenden Worten: »Nach altem, chinesisch fest eingerütteltem Costüm bewegten sich alle Lebenskreise in Dresden abgesondert voneinander: der Hof und der Hofadel, die bürgerlichen Beamten, die Kaufmannsgesellschaft, die Handwerker und Bürger. Zwischen allen diesen Kreisen standen spanische Wände. Alle hatten ihre streng geschlossenen Gesellschaften.«[23]

Gerade infolge der Aufklärung entwickelte sich aber das Menschenbild des mündigen Bürgers als gereifter Persönlichkeit. Die Idee der Befreiung des Menschen aus irrationalen Gesellschafts- und Herrschaftsordnungen und die ab 1831 durchgeführten Staatsreformen bedingten die Blüte von Vereinen. Diese kultivierten bürgerliche Tugenden, pflegten demokratische Verfahren und boten nun auch Frauen die Möglichkeit gesellschaftlichen Engagements und sozialer Anerkennung. Es entstand eine Zivilgesellschaft, in der sich das Bürgertum selbst organisierte. Auch um bürgerliche Freiheiten zu erwirken und zu sichern. Ihre Devise war »Leistung gilt vor Stand«. Adelige Vereine pflegten eher die Geselligkeit, brachten ihre Mitglieder aber auch in Kontakt mit dem städtischen Bürgertum. Dadurch wurde hier und dort ein später geübter, vor allem politischer Eliten-Kompromiss gegen die Sozialdemokratie vorbereitet und begünstigt.

Die Vereine waren weitgehend demokratisch organisiert. Ihre Satzungen hatten internen Verfassungsrang und wurden von einem Ausschuss erarbeitet und mehrheitlich von der Mitgliederversammlung beschlossen. Der Beitritt von weiteren Mitgliedern wurde per demokratischer Abstimmung verfügt, wie auch hoheitliche Aufgaben wie Satzungsänderungen oder Vorstandswahlen. Anträge wurden diskutiert und erst danach entschieden. Viele Vereine hatten parlamentsähnliche Geschäftsordnungen.

Vereine galten aber nicht nur deshalb der Obrigkeit als national und teilweise radikal gesinnt. Tatsächlich pflegten viele Vereine Sachsens in diesem Sinne unter den offiziellen Zielen der Gemeinnützigkeit oder Wohltätigkeit politische Ambitionen. Turnvater Karl Ludwig Jahn eröffnete bereits im Jahr 1811 bei Berlin den ersten Turnplatz in Deutschland und wurde dadurch zum Inbegriff von körperlicher Ertüchtigung – zur Vertreibung der Fremdherrschaft der Franzosen und Überwindung deutscher Kleinstaaterei. Klemens von Metternich, Österreichs Außenminister, ging im Rahmen des Deutschen Bundes auch gegen die Turnvereine vor und verbot sie. Das Liederbuch aller Turnvereine enthielt im Jahr 1846 liberal-freiheitliche Texte von Theodor Körner oder auch Ernst Moritz Arndt, die von diesem Kampf erzählen. Der erste Turnverein Sachsens gründete sich in Plauen. Im Jahr 1833 begann hier Otto Leonhard Heubner, der Turnvater Sachsens, trotz Turnverbots im Garten seines Vaters mit dem Aufstellen verschiedener Turngeräte. Im Juli 1840 eröffnete er, unterstützt von der Kommune, den ersten städtischen Turngarten in Sachsen.[24]

In Polen hatte zehn Jahre zuvor die Juli-Revolution von Paris zu Aufständen gegen die russische Besetzung geführt. Die polnischen Aufständischen verloren am 8. September 1831 in Warschau endgültig gegen die russischen Truppen. Kurze Zeit später gründeten bekannte Vertreter des liberalen Leipziger Bürgertums den »Verein zur Unterstützung hilfsbedürftiger Polen«, welcher die Bevölkerung zu Spenden aufrief, um vor allem durchreisenden Polen auf ihrem Weg ins französische Asyl Hilfe leisten zu können. Dies geschah nicht nur aus Mitleid mit den geschundenen Polen, sondern kann als Sympathiebekundung der Sachsen, als Mitglieder des repressiven Deutschen Bundes, mit der Freiheitsbewegung gesehen werden. Bedingt durch die Polen-Begeisterung erhielt der Verein große, vor allem finanzielle Unterstützung aus der Bevölkerung. Weitere wichtige Polen-Vereine entstanden in Dresden, Plauen und Bautzen. Bereits Ende des Jahres 1832 hatten alle ihre Arbeit wieder eingestellt. Im selben Jahr kam aber das Erstlingswerk Albert Lortzings, »Der Pole und sein Kind«, mit dem Lied »Zu Warschau schwuren tausend auf den Knien« auf einer Leipziger Bühne zur Aufführung. Die Polen-Begeisterung hielt an.

Viele der Mitglieder solcher Vereine fanden sich zu Gesangsfesten zusammen. Ihr berühmtestes, auch von Polen, Litauern oder Sorben besucht, war das Hambacher Fest. Diese erste republikanische Massenversammlung

Deutschlands am 27. Mai 1832 vereinte circa 30.000 Freiheitsbegeisterte in der Pfalz. Neben den schwarz-rot-goldenen Fahnen wehten polnische. Infolge des Hambacher Festes wurden vom Deutschen Bund weitere Repressionen gegen republikanische Aktivitäten verabschiedet. In Sachsen wurden die während der Verfassungsgebung des Vorjahres in Aussicht gestellten Gesetzesvorhaben über Versammlungs-, Vereins- und Pressefreiheit kassiert und stattdessen liberale Vereine stärker verfolgt und die Presse zensiert. Im Juni des Jahres 1832 gründeten Mitglieder des Plauener Polenkomitees deshalb den »Voigtländischen Verein zur Unterstützung der freien Presse«. Diese freie Presse galt ihnen als das geeignetste Mittel, ihre Ideen zu verbreiten und gesellschaftliche Veränderungen friedlich herbeizuführen. Zeitgleich bildeten sich auch in anderen Ländern ähnliche Vereine. Ihr Zentrum lag in Rheinland-Pfalz, wo sich der Pfälzer »Preß- und Vaterlandsverein« gegründet hatte.

Politisierend wirkten aber auch die bürgerlichen Kunstvereine in Dresden und Leipzig, denn sie förderten die »Vaterländische Kunst«. Im Dresdner »Cafe Français« gründeten im Jahr 1842 Bürger das »Literarische Museum«, in dem sie Zeitungen und Zeitschriften aus Deutschland und dem Ausland auslegten. Die 1845 von Ferdinand Hiller gegründete Montagsgesellschaft in Dresden, bestehend aus Schriftstellern, Musikern und Bildungsbürgern, stieg schnell zum führenden Verein der Stadt auf. Wie das »Literarische Museum« traf man sich bevorzugt in »Engels Restauration und Billard« am Postplatz. Die Konservativen wiederum versammelten sich im »Sächsischen Verein« und im »Konstitutionellen Verein«.

Wie durch die Städtegründung das Bürgertum entstand, so brachte die Industrialisierung die Arbeiterschicht hervor. In ihr begann sich die, neben den Bauern, seit 1832 von feudalen Lasten und anderen Zwängen befreit immer öfter in die Städte abwanderten und dort als Arbeiter die Industrialisierung mit vorantrieben, schwächste soziale Schicht zu organisieren und um Machtbeteiligung zu kämpfen. Zum Ende der ersten Phase der industriellen Revolution entstanden in den 1830er-Jahren Arbeitervereine in Deutschland. Im Jahr 1848 wurde in Berlin die »Allgemeine Deutsche Arbeiterverbrüderung« als erste überregionale deutsche Arbeiterorganisation gegründet. Ihre Zentrale wurde im September 1848 von Berlin nach Leipzig verlegt. Nur kurze Zeit nach ihrer Gründung gehörten ihr rund 115 Arbeiterorganisationen an. Eines ihrer Ziele war die Selbstermächtigung der ungebildeten Arbeiterschicht durch Bildung. So forderten sie auf einem Treffen in einer Note an die Nationalversammlung die Einführung kostenloser Volksbüchereien. In Großenhain gründete jedoch bereits im Jahr 1828 Karl Preusker die erste kommunale Volksbücherei Deutschlands. Diese sollte jenseits von Universitätsbibliotheken der weniger gebildeten Bevölkerung Zugang zum Wissen verschaffen. In Leipzig eröffnete 1846 der Bildungsverein für Buchdrucker und Schriftsetzer die erste Arbeiterbücherei der Metropole. Gerade Schriftsetzer und Buchdrucker verfügten als Mitarbeiter des grafischen Gewerbes durch ihren privilegierten Zugang zu Informationsmedien einerseits über eine Sonderstellung innerhalb der Arbeiterschaft, andererseits auch über eine Transmissionsfunktion von Wissen in die Arbeiterschaft hinein. Dieser nicht selbstverständliche Zugang zu nicht jedem frei verfügbaren Wissen diente der Selbstermächtigung, dem Mündigwerden des unterprivilegierten Individuums – als Voraussetzung zur qualifizierten Teilhabe an der gesellschaftlichen Entwicklung und für das Einklagen eigener Ansprüche. In den wenigen Arbeitern zugänglichen Bibliotheken standen immer mehr sozialkritische Werke. Otto Wigand kam im Jahr 1833 nach Leipzig, wo er ein Verlagsgeschäft eröffnete. Hier gab er neben den »Deutschen Jahrbüchern für Wissenschaft und Kunst« im Jahr 1845 Friedrich Engels »Die Lage der arbeitenden Klasse in England« heraus und druckte später Erstausgaben des ersten Bandes von Karl Marx' »Das Kapital«.

Mitte der 1840er-Jahre war Sachsen somit von einer dichten und hochgradig organisierten Vereinskultur geprägt. Anlässlich des Gutenberg-Jubiläums 1840 oder des Schillerfestes 1841 forderten die progressiven Vereine unisono politische Partizipation und Meinungsfreiheit, auch für die sich gerade in Leipzig ballenden kritischen Publikationen. Dies hatte Folgen für die ursprünglich 1838 von Arnold Ruge in Halle herausgegebenen »Hallischen Jahrbücher für deutsche Wissenschaft und Kunst«, in denen der Liberalismus sich gegen den Romantizismus wandte. Wissenschaftler, auch Literaten thematisierten in ihnen in forderndem Ton Reformen. Bereits im Jahr 1839 wurde ihr Erscheinen in Preußen verboten, so dass Ruge und seine Mitherausgeber nach Dresden umzogen, von wo sie ihre Redaktionsarbeit weiterbetrieben und die Zeitschrift ab Juli 1841 unter dem Titel »Deutsche Jahrbücher« erscheinen ließen. Preußen übte Druck auf die Dresdner Ständeversammlung aus, so dass im Jahr 1843 eine Ausgabe der Blätter unter anderem wegen andauernder Kritik am Christentum beschlagnahmt wurde. Ruge ging nach Paris, wo er die Hallischen Jahrbücher gemeinsam mit Karl Marx in anderer Form weiter herausgab, bevor ihr Erscheinen im Jahr 1844 gänzlich eingestellt wurde. Im Jahr darauf erlitt die Zeitschrift »Die Sonne«, die in der Region Chemnitz seit 1841 die Demokratisierung publizistisch vorantrieb, dasselbe Schicksal.

In der 1848er Revolution drängt der Demokratiewillen des Bürgertums zur Macht

Auch durch die Verfassung von 1831 war Sachsen nicht im gleichen Maße reformbedürftig wie seine Nachbarstaaten Österreich und Preußen. Durch die Industrialisierung hatte sich die sächsische Gesellschaft aber derart differenziert, dass die bisherige Politik immer weniger griff. Im Jahr 1843 zog sich der Vater der 1831er-Verfassung, Bernhard von Lindenau, vom Vorsitz im Gesamtministerium und später ganz aus der aktiven Politik zurück. Auch wenn in diesem Jahr des Verbots der »Hallischen Jahrbücher für deutsche Wissenschaft und Kunst« in Sachsen mit der Ernennung von Julius Traugott von Könneritz zum Kabinettsminister die Konservativen ihre Einflussmöglichkeiten in der Regierung ausbauten, wurden liberale Ansichten in der Bevölkerung immer populärer.

Im »Literarischen Museum« Dresdens einsehbare Journale, zum Teil aus Frankreich, inspirierten jedoch immer schärfere Debatten in öffentlichen Restaurationen wie dem »Belvedere«, dem »Café reale« oder »Engels Restauration« am Postplatz. Hier versammelte sich sonntags der »Engelclub« aus Schriftstellern, Künstlern und Gelehrten. Während des Maiaufstandes des Jahres 1849 sollte vor diesem Restaurant Gottfried Sempers »Engelbarrikade« stehen.

Für die 1848er-Revolution steht in Leipzig hingegen der Name eines anderen Mannes. Der Kölner Robert Blum, dort eher proletarisch aufgewachsen, kam im Jahr 1832 nach Leipzig, wo er am Theater als Kassierer und nebenbei schriftstellerisch arbeitete. Schnell wurde er zu einem nicht nur in Sachsen bekannten liberalen Publizisten und Agitator, der es verstand, seine politischen Ambitionen zu organisieren. Mit mehreren Vereinsgründungen aber auch einer 1842 eröffneten Verlagsbuchhandlung vernetzte er seine liberalen Gesinnungsgenossen in ganz Deutschland und Sachsen. Die Leipziger Burschenschaft, die damals auch unter dem Decknamen »Kochei« bekannt war, machte ihn deshalb zu ihrem Ehrenmitglied, andere Leipziger unterstützten ihn publizistisch. Ab 1842 erschien bei Reclam die neue demokratische Wochenschrift »Locomotive«, die innerhalb der kommenden zwölf Monate 20.000 Abonnenten fand, aber von Metternichs Agenten kritisiert wurde, so dass ihr auch deshalb im Juni 1843 von der sächsischen Pressepolizei die Konzession entzogen wurde. Bereits seit 1840 gab Blum die liberal-oppositionellen »Sächsischen Vaterlandsblätter« heraus, nach ihrem Verbot die »Constitutionelle Staatsbürgerzeitung«. Als sich die liberale Bewegung sukzessive in Sachsen ausbreitete, wurde er zum Führer der radikalen Liberalen. Philosophieprofessor Karl Biedermann, ebenfalls aus Leipzig, führte den gemäßigt-liberalen Flügel. Im August des Jahres 1845 kam es in Leipzig zu gewaltsamen Unruhen, die Blum zu beschwichtigen vermochte. Ende des Jahres wurde er eventuell auch deshalb zum Stadtverordneten gewählt, wobei ihm die Bestätigung als Stadtrat verweigert blieb. Im Jahr 1847 gründete Blum einen Redeübungsverein, der auch die bald einsetzende Gewerkschaftsbewegung inspirierte.

Ein knappes Jahr nach der Missernte des Jahres 1847 kam aus Frankreich – diesmal durch die siegreiche Februarrevolution des Jahres 1848, ein weiterer Anstoß für einen Angriff auf die alte Ordnung. Am 27. Februar 1848 brach der Aufstand in Deutschland im Frankreich-nahen Baden aus und griff auf Sachsen über. Leipzig, sächsische Hochburg des Liberalismus, wurde Zentrum der Erhebung. Am 30. Februar forderte Blum im Stadtrat den Sturz der sächsischen Regierung. Anschließend hielt er im Leipziger Schützenhaus vor 1.000 Zuhörern eine Rede, in der er das allgemeine Wahlrecht und die Einführung demokratischer Grundrechte einklagte. Vor allem liberale Bürger forderten die Einberufung einer aus allen Vertretern des Volkes bestehenden Nationalversammlung, eine Reform des Wahlrechts und die vollständige Abschaffung der feudalen Ordnung. Pressefreiheit sollte eingeführt und die Ausnahmegesetze des Deutschen Bundes abgeschafft werden. Schnell gingen etliche Forderungen in Erfüllung. Die Pressezensur wurde am 9. März 1848 mit einer Ministerialverordnung aufgehoben, und am 13. März entließ der König, auf Druck des noch vormärzlichen Landtags, die Regierung. Bis zu diesem Tag waren mit der Ausnahme von Christian Gottlieb Müller, zwischen 1831 und 1836 Minister des Kultus und öffentlichen Unterrichts, alle Ministerämter mit Adeligen besetzt. Am 16. März 1848 setzte der König mit dem Plauener Advokaten Alexander Hermann Braun erstmals einen bürgerlichen Liberalen an die Spitze einer neu gewählten, der ersten bürgerlichen Regierung Sachsens – auch »Märzministerium« genannt. Der Mylauer Fabrikant Robert Georgi war ebenfalls ein Liberaler und übernahm das Finanzministerium. Zwei Freisinnige wurden Minister für Kriegswesen beziehungsweise Kultur und Auswärtiges. Turnvater Heubner wurde als Innenminister vom König zwar abgelehnt, stattdessen übernahm der Zwickauer »Volkstribun« Martin Oberländer das Amt. Ludwig Freiherr von der Pfordten wurde vorerst der einzige adlige Minister. Dresden feierte die Regierung, aber auch den König.

Noch am Tag ihrer Konstituierung stellte die neue Regierung die Rechtspflege auf der Grundlage von Öffentlichkeit (K. Braun: »Die Oeffentlichkeit ist [...] die Wächterin der Unschuld«)[25] und Mündlichkeit in Aussicht. Das Militär sollte auf die Verfassung vereidigt, die Zensur aufgehoben und ein Pressegesetz sowie besseres Wahlsystem eingeführt werden. Auch die Vereinsfreiheit wurde versprochen. Durch den Schutz des neuen Versammlungsrechts entstanden bald, wie erstmalig am 28. März in Leipzig unter Führung Robert Blums, »Vaterlandsvereine«, die Kleinbürgertum und Arbeiter vertraten (Motto »Des Volkes Wille ist Gesetz«) sowie, in Leipzig unter Führung Karl Biedermanns, liberale »Deutsche Vereine« (»Ruhe ist die erste Bürgerpflicht«). Beide verlangten eine Königsherrschaft auf demokratischer Grundlage. In Chemnitz versammelten sich am 1. April des Jahres 1848 erstmals Arbeiter öffentlich, bevor sie am 22. April organisierter als »Hauptausschuss der Arbeiter« mit zwölf Forderungen an die Öffentlichkeit traten. Neben der Verkürzung der Arbeitszeiten wurde hier für Arbeiter die gleiche staatsbürgerliche Berechtigung wie für Bürger gefordert. Bis Anfang 1849 schlossen sich die aus dem Boden sprießenden und anfangs oft unpolitischen Arbeitervereine der radikal-demokratischen Bewegung an.

Neben den Vereinen blühte das Zeitschriftenwesen. In Leipzig wurden während der Revolutionszeit mehr als 500 Periodika als Organe unterschiedlichster Interessen und politischer Ambitionen herausgegeben. Darunter ältere wie die seit 1843 vom Schweizer Jakob Weber herausgegebene »Illustrierte Zeitung« oder die beiden seit 1833 erscheinenden konservativen Schriften »Illustriertes Magazin« und »Pfennig Magazin«. Auf der demokratischen Seite erschienen Neugründungen wie die »Verbrüderung«, die »Leipziger Arbeiterzeitung« oder, seit 1846, der »Leuchtturm«.

Die Generalversammlung der sächsischen Vaterlandsvereine diskutierte am 9. und 10. Juli 1848 in Dresden die Frage der Republik und ein Zusammengehen mit den »Deutschen Vereinen« und »Republikanischen Vereinen«. Die dritte Generalversammlung der Vaterlandsvereine am 3. September in Dresden sprach sich für außerparlamentarische Aktionen zur Erreichung ihrer politischen Absichten aus. Ihr generelles Ziel war die Volkssouveränität. Am 2. September 1848 sagte der als Demokrat geltende Innenminister Martin Oberländer über die Beziehungen seiner Regierung zu den politischen Vereinen: »Die Regierung sieht das Vereinswesen als im Organismus des ganzen Volkes so fest begründet an, dass sie auf das, was in den Vereinen vorkommt, Rücksicht zu nehmen hat. Die Behörden sollen die Vereine nicht ignorieren. Die Behörden werden in Wechselwirkung mit den Vereinen stehen, wie es jetzt schon geschieht.«[26]

Es gab zwar eine vom König berufene liberale Regierung. Mit dem ebenfalls neu gewählten Landtag geriet der Monarch aber bald in Konflikt. Vieles war strittig, wie beispielsweise das Wahlsystem, dessen Reform im Unklaren blieb. Im Sommer des Jahres 1848 schlug der König einen stärker gegenrevolutionieren Kurs ein. Zur selben Zeit spalteten sich aber auch die Revolutionäre in einen liberalen und einen demokratischen Flügel, wobei in letzterem wiederum Radikale und Gemäßigte oft keine gemeinsame Position fanden. Zentrale Gegenstände der Differenzen waren die Diskussionen um das Wahlrecht, eine konstituierende Versammlung sowie die künftige Staatsform.

Mit der Frankfurter Nationalversammlung entstand gleichzeitig zu den revolutionären Entwicklungen in den einzelnen Teilstaaten das erste demokratisch gewählte gesamtdeutsche Parlament. Links-Demokrat Blum, der Anfang April 1848 in Frankfurt eintraf, war Vizepräsident des Parlaments, während er als Mitglied der Nationalversammlung den dort versammelten Links-Demokraten eine Organisationsstruktur gab. Er führte den »Deutschen Hof« an und forderte vehement die Einführung der Republik auf gesetzlichem Wege wie auch die Volkssouveränität. Die Liberalen wiederum forderten die Einführung der konstitutionellen Monarchie. Im Zuge des Jahres 1848 konnten sich die Demokraten in der Frankfurter Nationalversammlung immer weniger durchsetzen. Blum und andere plädierten deshalb für ein Zustimmungsrecht der Landtage zur parallel verfassten Frankfurter Verfassung für das gesamte Deutschland.

Am 12. Oktober wurde Blum gemeinsam mit Julius Fröbel zur Überbringung einer Adresse an die Aufständischen in Wien abgeordnet. Dort wurden sie, nachdem sie sich auf Seiten der Revolutionäre an Kämpfen beteiligt hatten, von Regierungstruppen verhaftet. Blum kam vor ein Kriegsgericht und wurde auf Betreiben des ehemaligen österreichischen Generalkonsuls in Leipzig, Alexander von Hübner, zum Tode verurteilt und am 9. November erschossen. Sein Tod wurde zu einer Zäsur für die Frankfurter Nationalversammlung, die ohne jeglichen Erfolg bei der österreichischen Regierung protestierte. Das als Märtyrertod verstandene Ende Robert Blums mobilisierte in Sachsen noch einmal die republikanischen Kräfte. In Freiberg fand in der Petrikirche am 19. November 1848 eine Trauerfeier statt und am 1. März 1849 im Stadttheater die Aufführung seiner prägenden Lebensstationen.

Die Frankfurter Nationalversammlung aber zerfiel allmählich. Der Leipziger Jurist Adolph von Trützschler gehörte Ende des Jahres 1848 zu den ersten Vorstandsmitgliedern des in Frankfurt gegründeten »Zentralmärzvereins«. Er verstand sich als Klammer aller existierenden demokratisch-politischen Vereine und forderte, auf einer Verfassungsgrundlage Rechtssicherheit und Freiheit des gesamten Volkes in gesetzlicher Weise zu erringen und zu sichern. Er versuchte, dem Adel sämtliche Privilegien zu nehmen und jedem Staatsbürger dieselben Rechte und Einflussmöglichkeiten zuzugestehen. Der Einfluss des Adels sollte auf die Parlamente übergehen. Sein Einfluss zerfiel ohnehin. Im November 1848 verfügte beispielsweise ein sächsisches Gesetz die Trennung von Verwaltung und Rechtspflege auf der untersten Instanz. Anstelle der Patrimonialgerichte übernahm künftig der Staat die nun »Königliche Bezirksgerichte« genannten Rechtsstrukturen.

Am 15. November des Jahres 1848 wurde nach sich hinziehenden Verhandlungen von der zweiten Kammer des sächsischen Landtags ein provisorisches Wahlgesetz verabschiedet, welches für die zweite Kammer das gleiche und allgemeine Wahlrecht für Männer einführte. Damit waren die ständische Gliederung des Parlaments und die vor allem Juden betreffenden konfessionellen Beschränkungen aufgehoben. Die erste Kammer behielt ihre eingeführten Rechte. Wenig später wurde eine neue zweite Kammer gewählt. Die Kandidaten der demokratischen Vaterlandsvereine gewannen die Wahl gerade gegenüber den Kandidaten der liberalen Deutschen Vereine haushoch. So gestärkt forderten die Demokraten die Abschaffung des Adels und eine neue Verfassung.

Das sich in der Frankfurter Nationalversammlung manifestierende und nach Selbstbestimmung strebende deutsche Bürgertum wollte durch die

Errichtung konstitutioneller Institutionen die Erfolge seiner Revolution für die Zukunft sichern. Die Nationalversammlung einigte sich deshalb am 20. Dezember 1848 auf einen Grundrechtskatalog, den sie am 28. Dezember in ihrem Reichsgesetzblatt publizierte. In dem Katalog wurden alte liberale Forderungen wie ein Reichsbürgerrecht, Gleichheit vor dem Gesetz, Abschaffung der Standesprivilegien, freie Wahl des Wohnsitzes sowie öffentliche und direkte Wahlen fixiert.

Der sächsische Landtag musste dieses Reichsgesetz aber in Sachsen etablieren. Liberale und Demokraten stellten am 20. Januar 1849 eine Landtagsanfrage bezüglich der Grundrechte. Die zweite Kammer beschloss daraufhin am 27. Januar 1849, dass die Regierung umgehend die Grundrechte einzuführen habe, insoweit nicht sächsische Landesgesetze mehr Freiheit als diese gewähren. König Friedrich August II. verbot aber am selben Tag die Publikation der Grundrechte. Die Regierung erließ dennoch am 3. Februar unter Vorbehalten eine diesbezügliche Verordnung, die formal die Einführung der Grundrechte bedeutete. Dies genügte der Landtagsmehrheit nicht. Nach weiteren Verboten trat die Regierung am 17. Februar im Streit zwischen Landtag und König zurück. Um Gustav Friedrich Held bildete sich ein neues Kabinett. Der sächsische König erkannte zwar am 2. März 1849 die Grundrechte an, was auch die von der Frankfurter Nationalversammlung beschlossene Beseitigung des Adels beinhaltete. Umgesetzt wurde dieser Beschluss aber nie.

Am 27. März 1849 verabschiedete die Nationalversammlung in der Frankfurter Paulskirche die Reichsverfassung – die erste bürgerliche Verfassung Deutschlands. In dieser wurden den Bürgern unveräußerliche Grundrechte gewährt und eine gesamtdeutsche konstitutionelle Monarchie unter preußischer Führung und ohne Österreich eingeführt. Die Nationalversammlung hatte jedoch keine Machtmittel, die Verfassung durchzusetzen. Nach langem Streit ernannte die Nationalversammlung am 28. März König Friedrich Wilhelm IV. von Preußen zum »Kaiser der Deutschen«. Der lehnte dies wenige Tage später ab und brachte so die nationale Bewegung quasi zum Scheitern. Der sächsische Landtag wiederum stimmte für die Reichsverfassung und verweigerte dem sächsischen König, der die Reichsverfassung weiter ablehnte, die Bewilligung von Steuern. Ende April 1849 löste er den Landtag auf.

Eduard Devrient beschreibt anhand eines Treffens mit dem in Dresden lebenden Komponisten Richard Wagner am 31. März 1849 die Stimmung dieser Tage. »Immer meint er, durch Vernichtung des Besitzes alle Versittlichung zu erreichen. Ich behauptete, dass durch solche äußere Einrichtung nicht zu helfen ist, sondern nur durch eine neue religiöse Wiedergeburt Europas, durch welche die Selbstsucht, die Mutter aller unserer sozialen Laster, vermindert wird. Er denkt an Aufhebung aller Mangelhaftigkeit, glaubt an die absolute ursprüngliche Vollkommenheit des menschlichen Geschlechtes, die nur durch den Staat verlorengegangen sei [...] Zuletzt mußte er mir doch beifallen, dass nur eine sittliche Verbesserung unserer Misere abhelfen könne, dass aus ihr die richtigen Staatsformen nach dem Gesetz der Liebe sich ergeben würden. Der jämmerliche Bankrott aller heutigen Staatsweisheit, die totale Impotenz in politischen Schöpfungen beweist mir, dass das Geschlecht auf der vorhandenen Grundlage seines sittlichen Zustandes gar nicht fortdauern kann. Eine große religiöse Begeisterung, ein neues Gottdurchdrungenwerden kann nur helfen, und das wird nur nach furchtbaren Verwüstungsstürmen hervortreten können.«[27] Diese Gewalt begann unmittelbar.

Nachdem der sächsische König von seinem preußischen Schwager Truppen angefordert hatte, riefen die Vaterlandsvereine Anfang Mai zur Unterstützung der Reichsverfassung die Kommunalgarden zu Paraden auf. Am 3. Mai brach der Dresdner Aufstand aus. Die sächsische Republik sollte nun mit Gewalt erzwungen und der König gestürzt werden. Vor dem Zeughaus sammelte sich eine erregte Menge, um die preußischen Truppen abzuwehren. Der Landtag wurde besetzt. König Friedrich August II. floh am 4. Mai mit dem Dampfer auf den Königstein, und die Aufständischen konnten Dresden nahezu kampflos einnehmen. Landtagsmitglieder wählten eine provisorische Regierung. Vom Rathaus-Balkon herunter wurde anschließend ein Appell verlesen: »Mitbürger! Der König und die Minister sind entflohen. Das Land ist ohne Regierung sich selbst überlassen worden. Die Reichsverfassung ist verleugnet. Mitbürger! Das Vaterland ist in Gefahr. Es ist nothwendig geworden, eine provisorische Regierung zu bilden [...] Die Stadt Dresden ist dem Vaterlande mit dem rühmlichsten Beispiele vorausgegangen und hat geschworen, mit der Reichsverfassung zu leben und zu sterben.«[28]

Der Anarchist Michail Bakunin, Mitglied der Montagsgesellschaft, übernahm die militärische Leitung der Aufrührer, während Richard Wagner vom Turm der Kreuzkirche aus gegnerische Truppenbewegungen beobachtete und sie an das Hauptquartier der Aufständischen übermittelte. In Reichenbach verabschiedete parallel zum Dresdner Aufstand eine Bürgerversammlung eine Petition, in welcher sie von einer erblich-monarchistischen Regierung mit unverantwortlichem Oberhaupt sprach. Sie sah die Zeit gekommen das konstitutionelle Königtum von Gottes Gnaden in Sachsen abzuschaffen.[29]

Aber bereits am 5. Mai hatten sich die königlichen Truppen gesammelt und Stärke zurückgewonnen. Vor allem die eingetroffenen preußischen Truppen stellten zwischen dem 7. und 9. Mai in Dresden die »Ordnung« wieder her. Per Steckbrief wurden nun Richard Wagner, Gottfried Semper und andere prominente Aufständische gesucht. Gegen 869 von ihnen wurden Anklagen erhoben und hohe Haftstrafen verhängt, Arbeitshäuser füllten sich, aber Todesurteile wurden nicht vollstreckt. Der Althistoriker Theodor Mommsen, seit 1848 Professor an der Universität Leipzig und späterer erster deutscher Nobelpreisträger, wurde noch 1851 wegen seiner Beteiligung an der Revolution vertrieben. Der Dresdner Komponist Robert Schumann wiederum, der sich den Maikämpfen entzogen hatte, widmete dem Maiaufstand »Vier Märsche auf das Jahr 1849« und bezog die Marseillaise in seine Kompositionen ein.

Friedrich August von Sachsen kehrte an den Hof zurück und unterrichtete die Öffentlichkeit am 30. Mai 1849 über ein Abkommen mit Hannover und Preußen, welches die Einheit Deutschlands anstrebe. Das sogenannte Dreikönigsbündnis verfolgte das Ziel, eine deutsche Staaten-Union zu errichten, die, von Preußen angeführt, einer an die Reichsverfassung angelehnten Unionsverfassung folgen sollte, für die bereits am 28. Mai 1849 ein Entwurf vorgelegt wurde. Er sah das preußische Dreiklassenwahlrecht und keine Grundrechte vor. Tatsächlich hatten bis August die meisten Staaten Beitrittswilligkeit signalisiert, während ein Verwaltungsrat aus Bevollmächtigten der vertretenen Länder die Arbeit führen sollte, über die wiederum ein Bundesschiedsgericht in Erfurt zu wachen hatte. Nachdem Württemberg und Bayern am 8. September ihre Mitarbeit abgelehnt hatten, nahm auch Sachsen nicht mehr an den Verhandlungen des Dreikönigsbündnisses teil. Man kann in diesem Bündnis dennoch den ersten gescheiterten Versuch sehen, die deutsche Einheit von oben zu erreichen.

Nach dem Maiaufstand wurde im Juni 1849 der neugewählte Landtag aufgelöst, weil er sich weigerte, eine Änderung des Wahlrechts des Jahres 1848 zu beschließen. Am 3. Juni wurde das Wahlrecht zu den beiden Kammern aus dem Jahr 1831 wieder eingeführt, 1850 die alte Ständeversammlung wieder eingesetzt und ein konservatives Kabinett unter Friedrich Ferdinand von Beust berufen.

Die Nationalversammlung in der Frankfurter Paulskirche gab es nicht mehr, dafür war der Deutsche Bund von 1815 wieder eingerichtet worden. Die Polizeibehörden legten »Demokratenverzeichnisse« an. Das Innenministerium verbot politische Vereine wie die »Vaterlandsvereine« und Turnvereine. Die »Deutschen Vereine« lösten sich auf, das »Literarische Museum« in Dresden wohl auch. Die »überlebenden« Demokraten der 1848er-Revolution in Leipzig trafen sich noch für Jahre im Kellerlokal »Zur guten Quelle« zum sogenannten »Verbrechertisch«.

Am 3. Juli 1850 folgte das Verbot aller Arbeitervereine in Sachsen. Auch der erste, sich von bürgerlichen Turnvereinen abgrenzende und von Handwerkern und Arbeitern gebildete »Arbeiter-Turnverein« Deutschlands in Leipzig, der erst wenige Monate zuvor gegründet worden war. Diese Verordnung wurde im November 1850 leicht geändert zum Gesetz und erschwerte die Selbstorganisation der Arbeiterschaft für die kommenden nahezu 50 Jahre erheblich. Vier Jahre später, im Jahr 1854, beschloss der Bundestag des Deutschen Bundes das Verbot aller sozialistischen und kommunistischen Vereine. Die wenigen neu gegründeten oder weiter bestehenden Vereine überlebten das Sozialistengesetz von 1878 nicht. Man traf sich in Gesangs- und Gelehrtenvereinen, offenes Politisieren wurde schwierig.

Die sächsische Regierung schlug im Frühjahr 1851 mit dem »Gesetz, die Aufhebung der zur Publication der deutschen Grundrechte ergangenen Verordnung vom 2ten März 1849 betreffend« dem Landtag die Aufhebung der Grundrechte vor. Nach langer Debatte genehmigten die Stände zum Ende des Landtages diesen demokratischen Rückschritt. Trotzdem eröffnete im selben Jahr das Görlitzer Stadttheater mit Schillers »Don Carlos« die Spielsaison. Vier Jahre später, 1855, wurden durch die neue Strafprozessordnung Justizgrundrechte in Sachsen eingeführt. Mit dem Gerichtsverfassungsgesetz vom 11. August 1855 verloren die mittelalterlichen Patrimonialgerichte ihre Funktion und überließen dem Staat die Gerichtsbarkeit. Die Feudalverhältnisse auf dem Lande waren sechs Jahre nach der gescheiterten bürgerlichen Revolution abgeschafft.

Parteien entstehen und ringen parlamentarisch um die Interessen ihrer Milieus

Mit bedingt durch die polarisierenden Folgen der Industrialisierung, bildeten sich politische Lager von konservativ bis sozialistisch. Ab 1860 entwickelte sich in Sachsen eine Parteienlandschaft, wobei die einzelnen Parteien zu Sprachrohren der jeweiligen Lager und Variablen des Parlamentarismus wurden. Diese Lager korrelierten mit den sozialen und kulturellen Milieus, denen sie entsprangen und welche die politische Lagermentalität wesentlich mitprägten.

Die Industrialisierung hatte eine neue Bevölkerungsschicht, die Arbeiterklasse hervorgebracht. Stark unterprivilegiert, fand sie ihre politischen Erwartungen nicht von den bürgerlichen Eliten aufgenommen und vertreten. Das trieb sie zur sich langsam herausbildenden marxistischen Sozialdemokratie, was die Konservativen und Liberalen von einer weiteren Parlamentarisierung, das heißt Einbeziehung von Sozialdemokraten in Entscheidungsprozesse, Abstand nehmen ließ. Parlamentarisierung aber war gleichbedeutend mit Demokratisierung.

In der Mitte des 19. Jahrhunderts kulminierte im vergleichsweise toleranten Leipzig so die Frontstellung zwischen dem liberalen Bürgertum und der sozialistischen Arbeiterbewegung. Beide schufen über Sachsen hinaus bedeutende Bewegungen. Die sozialdemokratische Bewegung verfolgte das Ziel, die Arbeiterbewegung als zahlenmäßig stärkste Klasse an die politische Macht zu bringen. Das Fehlen eines starken katholischen Milieus, dessen Vereine anderenorts viele Arbeiter anzogen, begünstigte die Dominanz der Sozialdemokratie innerhalb der sächsischen Arbeiterschaft.

Eine der ersten Organisationen der Arbeiterbewegung nach 1848 war der am 5. Februar 1861 in Dresden gegründete und eher liberal ausgerichtete »Bildungsverein für Gewerbetreibende«, der seit 1862 »Arbeiterbildungsverein

Dresden« hieß. Im Jahr 1863 wurde der Verein politischer, was in der Lesart mancher Autoren die Gründung des »Allgemeinen Deutschen Arbeitervereins« (ADAV) am 23. Mai 1863 in Leipzig durch Ferdinand Lasalle begünstigte. Der ADAV gilt manchen Autoren als älteste demokratische Partei Deutschlands und war unbestritten die erste *sozialdemokratische* Parteiorganisation im deutschen Sprachraum, die an allgemeinen Wahlen teilnahm. Friedrich Wilhelm Försterling zog 1866 für den ADAV in Dresden als erster Sozialdemokrat in eine sächsische Gemeindevertretung ein.

In den folgenden Jahren stellte sich der »Arbeiterbildungsverein Dresden« gegen den ADAV in Leipzig. Bereits im Juni 1863 gründete sich als liberaler Gegenpol zum ADAV der »Vereinstag Deutscher Arbeitervereine« (VDAV), für den aus Leipzig der Drechsler August Bebel delegiert wurde. Ab 1865 übernahm Bebel den Vorsitz des stärksten Gauverbandes des VDAV, den sächsischen. Im selben Jahr zog auch der Redakteur der ADAV-Zeitung »Der Social-Demokrat«, Wilhelm Liebknecht, nach Leipzig. Das Urgespann der deutschen Sozialdemokratie war zusammengeführt.

Bebel und Liebknecht gründeten im Jahr 1866 die »Sächsische Volkspartei«, eine der ersten politischen Parteien Deutschlands. Für sie zogen beide im darauffolgenden Jahr mit dem Votum von Wählern der Region Chemnitz in den Reichstag des Norddeutschen Bundes ein. Durch diese sächsischen Persönlichkeiten hatte sich das Parteiengefüge in der deutschen Parlamentslandschaft um Vertreter der Arbeiterklasse nachhaltig und bis heute anhaltend verändert und erweitert.

ADAV und VDAV schufen im Jahr 1868 eigene Gewerkschaftsorganisationen, parallel zu den in demselben Jahr gegründeten Hirsch-Dunckerschen Gewerkvereinen. Ebenfalls 1868 gründete Wilhelm Liebknecht mit dem »Demokratischen Wochenblatt« die erste in Sachsen herausgegebene sozialdemokratische Zeitung, die ab Dezember 1868 als Organ des Verbandes deutscher Arbeitervereine fungierte.

Die »Sächsische Volkspartei« wie auch der VDAV gingen in der von August Bebel vom 7. bis 9. August 1869 in Eisenach gegründeten Sozialdemokratischen Arbeiterpartei (SDAP) auf. Sie hatte nicht nur ihr Zentralorgan, sondern auch ihre höchste Organisationsdichte im Königreich Sachsen. Der auf intensive Bildung der unterprivilegierten Werktätigen ausgerichtete Leipziger Arbeiterbildungsverein »Vorwärts« war beispielsweise an der Gründung des ADAV wie auch der SDAP beteiligt. Die SDAP-Gründung verschärfte aber die Spaltung der deutschen sozialdemokratischen Bewegung in »Lassalleaner« und »Eisenacher«. Die erste SDAP-Landesversammlung Sachsens protestierte Mitte Juli 1870 in einer von Liebknecht und Bebel aufgesetzten Resolution gegen den Krieg mit Frankreich. Auf die anschließende Reichseinigung von oben folgte bis zum Ersten Weltkrieg ein Wirtschaftsboom in den Städten, der zur Landflucht und Verarmung unterschiedlichster Gruppen führte: Humus für die Sozialdemokratie.

Ab dem 1. August 1870 erschien die erste sozialdemokratische Tageszeitung Deutschlands, der »Crimmitschauer Bürger- und Bauernfreund«. Die erste Ausgabe der »Freien Presse« aus Chemnitz erschien am 2. Januar 1871. Wilhelm Liebknecht hielt im darauffolgenden Jahr seinen berühmt gewordenen Vortrag »Wissen ist Macht – Macht ist Wissen«, in dem er den Zugang der Unterprivilegierten zu Bildung, Wissen und Kultur einforderte. »Wissen ist Macht« wurde zum geflügelten Wort innerhalb der Arbeiterbewegung, »Gleichheit der Bildung« zentrale Forderung der Sozialdemokratie.

Die SDAP und der ADAV beendeten nach langen Verhandlungen ihren Bruderkampf und vereinigten sich vom 22. bis 27. Mai 1875 in Gotha zur Sozialistischen Arbeiterpartei (SAP). Die revolutionären Ambitionen der SDAP wurden in den Verhandlungen in den programmatischen Formelkompromiss »erstrebt die sozialistische Arbeiterpartei Deutschlands mit allen gesetzlichen Mitteln den freien Staat und die sozialistische Gesellschaft« gegossen. Ab dem 1. Oktober 1876 erschien in Leipzig das zentrale Parteiorgan der Sozialdemokratie, der »Vorwärts«. Exakt zwei Jahre zuvor wurde mit der »Leipziger Volkszeitung« eine der einflussreichsten und auflagenstärksten Tageszeitungen der deutschen Sozialdemokratie erstmals herausgegeben. Ihr kämpferischer Impetus führte unter anderem dazu, dass die linksrevolutionäre Rosa Luxemburg später zu ihren Abonnentinnen gehört. Mit Otto Freytag wurde im Jahr 1877 der erste deutsche Sozialdemokrat im Wahlkreis Crimmitschau in die II. Kammer eines deutschen Landtages gewählt.

Der Reichstag beschloss am 21. Oktober 1878 das bis September 1890 geltende »Gesetz gegen die gemeingefährlichen Bestrebungen der Sozialdemokratie«, das »Sozialistengesetz«. Die sächsische Regierung pflegte eine besonders strenge Auslegung dieses Gesetzes. Reichskanzler Otto von Bismarck, seit 1881 eine »mildere Praxis« übend, regte mit dem Ziel der Schwächung der Sozialdemokratie 1883 das Gesetz über die Krankenversicherungen und 1884 das Gesetz über die Unfallversicherungen an. Nach dem Auslaufen des

Sozialistengesetzes 1890 benannte sich die Sozialdemokratie in Sozialdemokratische Partei Deutschlands (SPD) um. Mit dem Inkrafttreten des Reichs-
vereinsgesetzes am 15. Mai 1908 erhielt die Sozialdemokratie endlich größere
organisatorische Freiheiten.

Die SPD war nicht nur Partei, sondern für viele auch proletarisch geprägte Lebenswelt, was die Bindungskraft der Partei erhöhte. In Sachsen
war der Gegensatz zwischen der SPD und den sie unterstützenden proletarischen Bewegungen sowie den bürgerlichen Bewegungen und Parteien besonders stark ausgeprägt. Dies hatte besondere sächsische Folgen für die
nun anhebende parteipolitische Auseinandersetzung. Im Gegensatz zu den
Sozialdemokraten verfolgten die Liberalen das Ziel, das Eigentum des Einzelnen vor dem Zugriff des Staates zu schützen und die Freiheit des Einzelnen, vor allem der besitzenden Menschen zu stärken.

Im Jahr 1861 spalteten sich Liberale als Fortschrittspartei von den Altlibe-
ralen ab. Am 25. April 1863 gründeten 80 Liberale im Leipziger Schützenhaus,
und damit einen Monat vor dem ADAV, den »Sächsischen Fortschrittsver-
ein« – Vorläufer der deutschen Fortschrittspartei in Sachsen. Einer der Initiatoren dieser Fortschrittspartei war Hermann Schulze-Delitzsch, der sächsische Gründer der Genossenschafts-Bewegung. Die Partei nahm Forderungen
der 1848er-Revolution auf, verlangte eine freiheitliche Verfassung und die
nationale Einheit Deutschlands unter der Führung Preußens. Wie viele andere Parteien auch, verfügte die Fortschrittspartei über eigene Zeitungen. So
gründete Gustav Frankel im Jahr 1876 in Zittau die »Zittauer Morgenzeitung«
als Wahlkampfblatt für die Fortschrittspartei. Sie blieb bis 1933 eine regionale Plattform des Linksliberalismus.

Nach der Reichseinigung des Jahres 1871 bildeten die Liberalen, Nationalliberalen und die Fortschrittspartei im sächsischen Landtag die »Vereinigte Liberale Partei«, die von Differenzen zwischen Liberalen und Nationalliberalen geprägt war. Im Jahr 1878 wurde der Reichsverein für Sachsen
als Dachverband der Konservativen und Liberalen gegründet. Gemeinsame
Kandidaten für den Landtag verfolgten ein Hauptziel: Alle gemeinsam gegen
die Sozialdemokratie! Aber man kämpfte anfangs auch gegen die antisemitische Volkspartei. Allerdings war der Dresdner Rechtsanwalt Emil Lehmann
der einzige jüdische Sachse, der während des Kaiserreichs ein Landtagsman-
dat erhielt. Zwischen 1875 und 1880 saß er für die Fortschrittspartei in der
Zweiten Kammer. Im Jahr 1894 wurde von Vertretern der Fortschrittspar-

tei, der Nationalliberalen und der Konservativen der »Seniorenkonvent« gegründet, der die Zusammenarbeit dieser Parteien außerhalb des Landtags organisieren und auch dort gegen die Sozialdemokratie führen sollte.

Zu den wichtigsten sächsischen Persönlichkeiten unter den Nationalliberalen zählte Karl Biedermann. Während der 1848er-Revolution gemäßigt liberaler Widerpart von Robert Blum, war er Mitbegründer der Nationalliberalen Partei in Sachsen. Gustav Freytag lebte seit dem Revolutionsjahr 1848 in Leipzig, wo er die nationalliberale Zeitschrift »Die Grenzboten« herausgab und 1855 den Roman »Soll und Haben« veröffentlichte, der nicht nur den Adel sondern auch Juden diskriminierte, während Arbeiter und Bürgerliche seine Protagonisten sind. Der nationalliberale Bürgermeister Leipzigs, Otto Robert Georgi, entwickelte in seinen beiden Amtszeiten zwischen 1870 und 1890 seine Kommune zu der heute bekannten Großstadt.

Auch andere sächsische Liberale erlangten deutschlandweite Geltung. Der bei Leipzig geborene Absolvent der Fürstenschule in Meißen, Friedrich Naumann, nach dem Theologiestudium im »Rauen Haus« in Hamburg tätig und dann Pastor in der sächsischen Textilarbeiter- und Kleinbauerngemeinde Langenberg bei Limbach in der Nähe von Glauchau, trat am Anfang seiner politischen Karriere mit dem Buch »Jesus als Volksmann« an die Öffentlichkeit. In ihm unterstellte er, dass Christus in dieser Zeit nicht als Freund der Fischer, sondern der Industriearbeiter, Holzfäller und armen Weber zu den Menschen kommen würde. Bis Mitte der 1890er-Jahre war Naumann Mitglied in Adolf Stoeckers Christlichsozialer Partei, bevor er diese auch wegen ihres Antisemitismus verließ. Naumann widmete sich einer liberalen Sozialpolitik, die auch vor der Vergesellschaftung der Bodenschätze, umfassenden Vermögenssteuern oder der Gewinnbeteiligung von Arbeitern nicht zurückschreckte. Sein Motto: Der Industrieuntertan muss zum Industriebürger werden. Im Erfurter Gründungsprogramm seines »Nationalsozialen Vereins« von 1896 ist zu lesen: »Wir stehen auf nationalem Boden, indem wir die wirtschaftliche und politische Machtentfaltung der deutschen Nation nach außen für die Voraussetzung aller größeren sozialen Reformen im Innern halten.« Sieben Jahre später löste sich der Verein auf, und Naumann schloss sich der Freisinnigen Vereinigung an. Im Jahr 1907 gründete er gemeinsam mit anderen den »Deutschen Werkbund« zwecks »Veredelung der gewerblichen Arbeit im Zusammenwirken von Kunst, Industrie und Handwerk, durch Erziehung, Propaganda und geschlossene Stellungnahme zu einschlägigen Fragen«. Im September 1915 kämpfte Naumann gegen das Schwinden der Kriegsbegeisterung: »Es siegt nicht nur allein die Leistung und Bewaffnung, es siegt das Innerliche, das den Tod überwindet. Dass wir in unserem Volke so viel von diesem Innerlichen finden, das ist uns allen eine gewaltige und herrliche Stärkung, wodurch immer neue Gläubige gewonnen werden.« Nach dem Krieg begann seine eigentliche politische Karriere als Vorsitzender der DDP.

Die sächsische Parteienlandschaft aber wurde von den Konservativen dominiert, die eine größtmögliche Eigenständigkeit Sachsens forderten. Dieser Konservatismus setzte auf Gottesgnadentum, die Kirche und die Monarchie. Er wollte die feudale Gesellschaftsordnung erhalten und verstand sich als politischer Kontrapunkt zu Französischer Revolution und Liberalismus, mit dem die Demokratie ursprünglich eng verbunden war. Zu diesem Zweck wurde 1876 unter anderem die »Deutschkonservative Partei« gegründet. Durch seinen Paternalismus aber war der politisch formierte Konservatismus durchaus aufgeschlossen für soziale Fragen.

Soziale Gruppen formieren sich, Minderheiten beginnen ihre Interessen zu bekunden, soziale Probleme bleiben ungelöst

Die bürgerliche Frauenbewegung entsteht in Sachsen

Die Zeit der politischen Vereine war vorbei. Bewegungen und Parteien wurden zum zeitgemäßeren Ausdruck gesellschaftlichen und politischen Partizipationswillens. Die 1819 in Meißen geborene Louise Otto-Peters setzte als eine der ersten Frauen den Nachnamen ihres Mannes hinter ihren Mädchennamen. Aber nicht deshalb wird sie »Mutter der deutschen Frauenbewegung« und »Lerche des Völkerfrühlings« genannt. Sie besuchte im Jahr 1840 in Oederan ihre mit einem Fabrikanten verheiratete Schwester, wo sie das harte Leben der Textilarbeiterinnen aus nächster Nähe erlebte. Drei Jahre später mischte sie sich anonym mit einem Leserbrief an die von Robert Blum herausgegebenen »Sächsischen Vaterlandsblätter« in eine Diskussion über »die Teilhabe des weiblichen Geschlechts am Staatsleben« ein. Sie forderte, dass die Beteiligung von Frauen an den Dingen des Staates Pflicht und nicht nur Recht sei. Sie unterzeichnete mit »Ein sächsisches Mädchen«. Endgültig bekannt wurde sie im Mai des Revolutionsjahres 1848 mit ihrer in der »Leipziger Arbeiter-Zeitung« veröffentlichten Schrift »Adresse eines Mädchens an den hochverehrten Minister Oberländer, an die von ihm berufene Arbeiterkommission und an alle Arbeiter«, in welcher sie als erste Frau die soziale Lage von Arbeiterinnen thematisierte, vor allem aber Achtung vor der Arbeit der Frau einforderte. Während die »Machtfrage« männlich blieb, wurden die »Soziale Frage« oder die sich institutionalisierende Armenfürsorge im Laufe des 19. Jahrhunderts auch durch die bürgerliche Frauenbewegung immer weiblicher.

Der angesprochene Minister lud Louise Otto-Peters gemeinsam mit Finanzminister Robert Georgi zu einem Austausch, in welchem sie Vorschläge für die bessere Arbeitsorganisation von Frauen einbringen sollte. Mit der

»Frauen-Zeitung: Ein Organ für die höheren weiblichen Interessen« gab Luise Otto zwischen 1849 und 1852 ihre eigene Wochenzeitung heraus. Sie wurde von der Leipziger Buchhandlung Heinrich Matthes in Kommission vertrieben und stand unter dem Motto: »Wohl auf denn, meine Schwestern, vereinigt Euch mit mir, damit wir nicht zurückbleiben, wo Alle und Alles um uns und neben uns vorwärts drängt und kämpft. Wir wollen auch unser Theil fordern und verdienen an der großen Welt-Erlösung, welche der ganzen Menschheit, deren eine Hälfte wir sind, endlich werden muss.« Kurz: »Dem Reich der Freiheit werb' ich Bürgerinnen.«[30] Im Kern forderte sie für Frauen das Recht auf Erwerbsarbeit sowie auf Bildung und Universitätsstudien. Nach der »Lex Otto« genannten Änderung des sächsischen Pressegesetzes Ende 1850, mit der nur in Sachsen lebenden männlichen Personen die Redaktion einer Zeitschrift genehmigt wurde, gab Luise Otto die Zeitung ab Februar 1851 im sachsennahen preußischen Gera heraus. Als auch hier die Pressegesetze verschärft wurden, stellte Luise Otto die Zeitschrift ein. Ab 1861 gab sie mit ihrem Mann, dem als »gemäßigter Demokrat« beschriebenen August Peters, der zuvor im Jahr 1848 in Meißen die demokratisch ausgerichtete Wochenzeitung »Die Barricade« und später andere Zeitschriften publiziert hatte, die »Mitteldeutsche Volks-Zeitung« heraus. Als Feuilletonchefin begrüßte sie hier beispielsweise die Rückkehr des seit dem 1849er-Maiaufstand aus Sachsen ausgewiesenen Komponisten Richard Wagner. Der verstarb 1883 beim Verfassen eines Aufsatzes »Über das Weibliche im Menschlichen«.

Das Jahr 1865, in dem auch das Sächsische Bürgerliche Gesetzbuch in Kraft trat, wurde zum »Jahr eins der organisierten deutschen Frauenbewegung«. Louise Otto-Peters, Ottilie von Steyber, Henriette Goldschmidt und Auguste Schmidt gründeten im Frühjahr in der Wohnung des Leipziger Professors Emil Adolf Roßmäßler und in Anwesenheit August Bebels den Leipziger Frauenbildungsverein. Von anderen Frauen-Bildungsvereinigungen unterschied er sich darin, dass er sich nicht auf wohltätige Zwecke konzentrierte, sondern die Selbstorganisation der Frauen förderte und Hilfe zur Selbsthilfe anbot. Den Gründerinnen ging es darum, den Frauen ein erfülltes, würdevolles Leben jenseits einer oft als Versorgungsinstanz verstandenen Ehe zu ermöglichen. August Bebel, der 1878 seine einflussreiche marxistische Frauenemanzipationstheorie »Die Frau und der Sozialismus« vorlegte, erinnert sich, dass der Verein vorerst Unterschlupf in den Räumen des Leipziger Arbeiterbildungsvereins erhielt. Dieser Frauenbildungsverein berief für den 15. bis 18. Oktober des Jahres 1865 die erste Frauenkonferenz Deutschlands ins »Schützenhaus« in der Leipziger Ostvorstadt. Diese Versammlung mit etwa 300 Teilnehmerinnen gründete den »Allgemeinen Deutschen Frauenverein« (ADF), der für Deutschland den Beginn der organisierten Frauenbewegung markiert und dem Luise Otto-Peters für 30 Jahre vorstehen sollte. Auguste Schmidt sagte im Hauptreferat anlässlich der Gründung, dass die Frau dem Manne gleichberechtigt sei und sie sich deshalb aus der bisherigen Unterordnung erheben werde. Das Programm des Vereins bestand neben dem Mutter- und Arbeiterinnenschutz aus der Idee von Industrieschulen für Mädchen und der Forderung nach gleichem Lohn für Frauen.

Das Frauenwahlrecht wurde noch nicht gefordert. In der bürgerlichen Frauenbewegung war stattdessen der Gedanke, dass die Frau für soziale Hilfstätigkeiten prädestiniert und berufen sei, besonders verfestigt: »Besitzt die Frau doch eine Reihe von Fähigkeiten, die sie zur Ausübung sozialer Hilfstätigkeit nicht nur ebenso tüchtig, sonders sogar geeigneterer machen, als der Mann es ist, [...] ihr ausgeprägtes Gefühlsleben [...] Milde und Nachsicht [...] Mütterlichkeit.«[31] Aus der Verknüpfung der Ideen bürgerlicher Sozialreform und der Theorie der geistigen Mütterlichkeit entwickelte die bürgerliche Frauenbewegung ein »Konzept sozialer Frauenarbeit als weibliche Emanzipation.«

Bald entstanden Zweigvereine und die von Luise Otto-Peters redigierte ADF-Vereinszeitschrift »Neue Bahnen«, die für Jahrzehnte zentrales Organ der moderaten Frauenbewegung werden sollte. Ende März 1894 vereinigte sich der ADF in Berlin mit anderen bürgerlichen Frauen-Organisationen zum Bund Deutscher Frauenvereine (BdF). Unter dem Vorsitz von Auguste Schmidt versuchte der BdF die gemäßigten und radikalen Gruppen innerhalb der bürgerlichen Frauenvereine auf einen gemeinsamen Nenner zu bringen.

Aber auch in Dresden entwickelte sich eine respektable Selbstorganisation von Frauenrechtlerinnen. Amalie Marschner gründete im Jahr 1843 den »Verein zum Frauenschutz«, der sich um verwaiste Kinder sowie alte und alleinstehende Frauen kümmerte. Bertha Maria von Marenholtz-Bülow wiederum lernte im Jahr 1849 den Pädagogen Friedrich Fröbel kennen und wurde daraufhin entschiedene Vertreterin der Kindergartenidee. Im Jahr 1871/72 konnte in Dresden unter Beteiligung von Luise Otto-Peters der allgemeine Erziehungsverein gegründet werden. Im Jahr 1865 gehörten auch mindestens drei Frauen aus Dresden zu den Gründerinnen des ADF. Eine von ihnen, die Schauspielerin und Schriftstellerin Maria Anna Löhn-Siegel, gründete 1870 den ersten Frauenbildungsverein Dresdens, dem sie auch vorstand. Ebenfalls als Schauspielerin arbeitete Marie Stritt, die 1894 in Dresden den ersten »Rechtsschutzverein für Frauen« gründete. Sein Hauptanliegen war die rechtliche Gleichberechtigung der Frau im privaten wie auch Berufsleben. Als Mitgründerin des Allgemeinen Deutschen Frauenvereins in Leipzig gründete sie im Jahr 1893 dessen Dresdner Ortsgruppe, aus dem auch der Rechtsschutzverein hervorging.

Wie in der Arbeiterbewegung wurde auch in der Frauenbewegung Bildung als Voraussetzung für Emanzipation betrachtet und gefördert. Bereits im Revolutionsjahr 1848 war in Leipzig durch Ottilie von Steyber eine höhere Mädchenschule gegründet worden, an die sich ein Lehrerinnenseminar anschloss. Ab 1870 von Auguste Schmidt geleitet, zählten die bei Rochlitz geborene Clara Zetkin und Käthe Duncker zu ihren bekanntesten Schülerinnen. Der ADF gründete im Jahr 1894 in Leipzig die »Realgymnasialkurse für Mädchen«, wo Mädchen (nach ähnlichen Gründungen im Jahr 1893 in Karlsruhe und Berlin) das Abitur ablegen konnten. Die Direktorin der Realgymnasialkurse, Katharina (Käthe) Charlotte Friederieke Auguste Windscheid, ebnete später den Weg für das Frauenstudium.

Das gab es aber schon hier und dort in den Jahren zuvor. Die Komponistin der Hymne der englischen Suffragetten-Bewegung, Ethel Smyth, studierte ab 1877 einige Jahre am Leipziger Konservatorium. Bereits im Jahr davor nahm die Engländerin Hope Bridges Adams an der Leipziger Universität, die in dieser Zeit in die erste Liga der deutschen Universitäten aufrückte, ein Medizinstudium auf – entgegen allen Verboten und begünstigt durch offengeistige Professoren, so dass sie als erste Frau in Deutschland im Jahr 1880 mit einem medizinischen Staatsexamen abschloss.

Im Jahr der Gründung der ersten privaten Frauenhochschule Deutschlands, der »Hochschule für Frauen zu Leipzig«, organisierte die Frauenrechtlerin Helene Stöcker 1911 in Dresden den ersten Internationalen Kongress für Sexualreform und Mutterschutz. Die Frauenbewegung war aber noch zu schwach, um ihre Vorstellungen von der Reform des Ehe- und Familienrechts gegen die ausschließlich männlichen Reichstagsabgeordneten in das 1900 eingeführte Bürgerliche Gesetzbuch einzubringen. Im selben Jahr wurde in Leipzig ein Denkmal für die mittlerweile verstorbene Louise Otto-

Peters eingeweiht. Oberbürgermeister Bruno Tröndlin betonte, dass hier zum ersten Mal einer Frau ein Denkmal gesetzt werde, die nicht durch ihre hervorragende Lebensstellung, sondern ihr geistiges Wirken an Bedeutung gewonnen hatte. Im April 1906 beschloss das sächsische Kultusministerium, dass sich Frauen, knapp 500 Jahre nach ihrer Gründung, an der Universität Leipzig immatrikulieren lassen durften.

Wie aber stand es um die anderen Stränge der Frauenbewegung? Die auf Bebel fußende sozialistische Frauenemanzipation sah keine weiblichen Sonderinteressen vor, so dass sie an die Arbeiterbewegung gebunden war. Im Gegensatz zur bürgerlichen Frauenbewegung sah sie die Erwerbsarbeit der Frauen als Prämisse und Instrument der Frauenbefreiung. Neben der bürgerlichen Frauenbewegung und der sozialistischen, existierte im Rahmen der evangelischen Kirche auch eine eigene, religiös motivierte Frauenarbeit. Selbst in Leipzig wurde die Mehrheit der Einrichtungen für Frauen und Mädchen um das Jahr 1900 vom christlichen Verein für Innere Mission unterhalten.

Nur ein Leipziger publiziert Ende des 19. Jahrhunderts zum Thema Homosexualität

Johannes Hermann August Wilhelm Max Spohr, der im Jahr 1881 eine Verlagsbuchhandlung in Leipzig gegründet hatte, war der einzige deutsche Verleger, der im ausgehenden 19. Jahrhundert Werke zum Thema Homosexualität veröffentlichte. Außerdem gründete er gemeinsam mit Magnus Hirschfeld und anderen am 15. Mai 1897 in Berlin die weltweit erste Organisation für die Rechte Homosexueller, das Wissenschaftlich-humanitäre Komitee (WhK). August Bebel scheiterte fünf Jahre später an der eigenen sozialdemokratischen Reichstagsfraktion, als diese seinen Antrag zur Abschaffung des § 175, der Homosexualität unter Strafe stellte, nicht mittrug.

Juden sind trotz Jahrhunderte langer Tradition mit Antisemitismus konfrontiert

Durch Handel kamen Juden im 12. Jahrhundert vor allem in die sächsischen Städte, wo sie vom Bürgerrecht ausgeschlossen blieben. Der Grunderwerb war ihnen verwehrt, und die Zünfte nahmen sie nicht auf, so dass Handelsgeschäfte und der Geldverleih gegen Zinsen für viele zum einzig verbleibenden Geschäft wurde. Markgraf Heinrich erließ im Jahr 1265 die erste Judenordnung. Diese änderte wenig an ihrem sozialen Status. Über die Pogrome an den Verursachern der Pest des Jahres 1349 berichtet die Dresdner Chronik: »In dem 49. Jahr wurden die Juden gebrannt zur Fastnacht.«[32] Formale Diskriminierungen wurden aufrechterhalten und ausgebaut. Wegen einer im Jahr 1682 erlassenen kurfürstlichen Order erhielten Juden, die die Leipziger Messe besuchten, ein »gelbes Flecklein«, das sie in der Stadt tragen mussten. Als Philipp Jakob Spener im Jahr 1686 Oberhofprediger in Dresden wurde, nannte er die Juden ein vornehmes Geschlecht und forderte für sie Achtung und Gewissensfreiheit ein.

Mit Beginn des 19. Jahrhunderts öffnete sich Sachsen auf Druck der französischen Besatzer der religiösen Toleranz. Im Frieden von Posen im Jahr 1806 verpflichtete sich Sachsen, die katholischen Landesbewohner den evangelischen gleich zu stellen. Fünf Jahre später, im Jahr 1811, erhielten auch die Reformierten, auf französische Religionsflüchtlinge zurückgehende evangelische Gläubige, Bürgerrechte und damit die Gelegenheit, öffentliche Gottesdienste abzuhalten. Die Juden-Diskriminierung hingegen hielt vergleichsweise lange in Sachsen, auch über die französische Zeit hinaus an. Im Jahr 1816 ließ die sächsische Landesregierung Reformvorschläge erarbeiten, die einerseits eingeschränkte Bürgerrechte und auflagenbehaftete Gewerbe- und Kultusfreiheit vorsahen, auf Beschluss des Geheimen Rates aber andererseits so lange ausgesetzt bleiben sollten, bis der Frankfurter Bundestag Richtlinien erlassen würde. Das tat der nie. Nach den Staatsreformen des Jahres 1831, welche die Judenfrage ungelöst ließen, erließ der sächsische Landtag 1837 ein Gesetz, laut dem in Leipzig und Dresden wohnenden Juden die Bildung öffentlich-rechtlicher Religionsgemeinschaften zugestanden wurde. Mit einem weiteren Gesetz im darauffolgenden Jahr wurde den Juden beider Städte einerseits das unbeschränkte Wohnrecht in Leipzig und Dresden zugesagt, sie waren aber andererseits von Berufen wie Apotheker und Wirt weiterhin ausgeschlossen. Ihr kulturelles und religiöses Selbstbewusstsein jedoch verlangte nach Ausdruck. Am 8. Mai 1840 feierten die Dresdner Juden die Einweihung der von Gottfried Semper entworfene Synagoge. Isidor Kaim wurde im Jahr 1845 als erster Jude zum Rechtsanwaltsberuf in Sachsen zugelassen. An der Revolution des Jahres 1848 nahm er als Redner und Publizist teil.

Im Jahr 1869 fand in Leipzig die erste »Israelitische Synode« statt. Die versammelten Juden aus ganz Deutschland forderten die Gründung eines regelmäßig wiederkehrenden Gemeindetages im Anschluss an die Synodentagungen. Die Gesetze des Norddeutschen Bundes aus dem Jahr 1869 und die Reichsverfassung des Jahres 1871 beendeten die rechtliche Diskriminierung der Juden. Die Ausgrenzung aber blieb erhalten, Juden wurden weiterhin verschiedene Ämter verwehrt, vor allem in der Armee. Antisemitismus blieb Konsens im national-konservativen politischen Lager. Im Juni des Jahres 1892 hielten die sächsischen Nationalliberalen ihre Generalversammlung ab, auf der sie sich einerseits gegen diesen Antisemitismus aussprachen, aber auf die Schwierigkeiten verwiesen, »die aus der Einverleibung eines nach Religion und Herkunft von uns verschiedenen Volksstammes erwachsen«.[33]

Durch die nach und nach den jüdischen Sachsen zuwachsenden Rechte wuchs der Antisemitismus – durften sie durch die Verleihung des Ortsbürgerrechts nun doch auch die Allmende mitbenutzen oder Unterstützung aus der Armenfürsorge erhalten. So glaubten auch aufgeklärte Christen, dass die jüdische Religion einen politischen Herrschaftsanspruch beinhalte, der die bürgerliche Verschlechterung der Christen bedeute. So blieb den Juden nur die Rolle eines »Schattenbürgertums«

Und der Antisemitismus organisierte sich. Der geborene Sachse Heinrich von Treitschke formulierte »Die Juden sind unser Unglück.« Der Chemnitzer Verlagsbuchhändler Ernst Schmeitzner gründete im Jahr 1874 eine eigene Verlagsbuchhandlung, für die er unter anderem Friedrich Nietzsche als Autor gewinnen konnte. Im Jahr 1880 begann er seine Arbeit gegen die »liberale Judenwirtschaft.« Wilhelm Marr gab hier die »Antisemitischen Hefte« heraus. Theodor Fritsch wurde im Jahr 1852 in Wiesena bei Delitzsch geboren und im Jahr 1905 Vorsitzender der sächsischen Mittelstandsvereinigung. Bereits 1880 hatte er in Leipzig den Hammer-Verlag gegründet, in dem er neben antisemitischen Flugblättern auch andere judenfeindliche Schriften publizierte. Im Jahr 1886 gründete er die »Deutsche Antisemitische Vereinigung«, 1912 den Reichshammerbund. Die von Fritsch ab 1902 herausgegebene Zeitschrift »Hammer. Blätter für deutschen Sinn« richtete sich nicht allein gegen die jüdische Bevölkerung, sondern auch gegen alle demokratischen und emanzipatorischen Bewegungen und Errungenschaften seiner Zeit.

Zigeuner haben kaum Unterstützer

Früher so genannte »Zigeuner« wanderten ab dem 9. Jahrhundert aus Indien nach Europa ein. Bereits im Jahr 1416 wurden sie aus Meißen, ab dem 16. Jahrhundert regelmäßig aus Sachsen vertrieben und manchmal sogar getötet. Die Polizei- und Landesordnung von 1589 sah vor, sie mit Weib und Kindern außer Landes zu treiben. Obwohl Kurfürst Johann Georg II. im Jahr 1661 eine noch schärfere Verordnung gegen Zigeuner verfügte, wanderten bereits wenige Jahre später wieder unterschiedliche Gruppen von ihnen durch Sachsen. Zigeunerfrauen wurden regelmäßig wegen Wahrsagen und Bettelei ausgepeitscht beziehungsweise ihrer Kinder beraubt, um diese »christlich« zu erziehen. Anfang des 18. Jahrhunderts saßen im Zucht- und Arbeitshaus Waldheim nicht nur Zuchthäusler und Geistesgestörte, sondern auch Waisenkinder und Zigeuner. Es gab zwar keine organisierte Ablehnung gegen Zigeuner wie gegen Juden. Sie wurden aber wie selbstverständlich ausgegrenzt, auch weil sie sich nicht wie die meisten Juden in die tradierten Sozialstrukturen zu integrieren versuchten.

Gewerkschaften etablieren sich früh in Sachsen

Die Kammgarnspinnerei wurde im Jahr 1836 zu Leipzigs erster Aktiengesellschaft. Die 1883 gegründete Leipziger Bank und die seit 1856 arbeitende Allgemeine Deutsche Credit-Anstalt stellten das notwendige Kapital für die Expansion der Leipziger Industrie bereit. Quasi im Gegenzug forderten im Jahr 1840 Leipziger Buchdrucker eine einheitliche Regelung für ihre Löhne. In modernen Worten: einen Tarifvertrag. Auch die in Leipzig konzentrierte »Allgemeine deutsche Arbeiterverbrüderung« forderte Kommissionen für Mindestlohnbestimmungen. Während der Revolution des Jahres 1848/49 war Leipzig das politische Zentrum der revoltierenden Arbeiterbewegung, die auch gegen das unter anderem 1731 in der Reichszunftordnung fixierte Verbot Gewerkschaften zu gründen vorging. Im Jahr 1861, als sich der Deutsche Industrie- und Handelstag (DIHT) als Dachverband aller Industrie- und Handelskammern institutionell verfasste, wurde in Sachsen das Koalitionsverbot zur Erreichung besserer Lohn- und Arbeitsbedingungen aufgehoben.

Vom 25. bis 27. Dezember 1865 fand im Leipziger »Pantheon«, in dem zweieinhalb Jahre zuvor der ADAV gegründet wurde, auch die Gründung des »Allgemeinen Deutschen Cigarrenarbeiter-Vereins« statt, der ersten zentral organisierten Gewerkschaft Deutschlands. Ihr Initiator, der Zigarrenarbeiter Friedrich Wilhelm Fritzsche hatte Jahre zuvor bereits den ADAV mitbegründet und wurde nun auch zum Gründungsvater der deutschen Gewerkschaftsbewegung. Seine Zigarrenarbeitergewerkschaft ist heute unter dem Namen

»Gewerkschaft Nahrung-Genuss-Gaststätten« aktiv. Im Jahr 1869 gründete sich außerdem in Crimmitschau, angeführt von Julius Motteler aus dem Kreis um August Bebel und Wilhelm Liebknecht, die erste marxistisch inspirierte Gewerkschaftsbewegung, die »Internationale Gewerksgenossenschaft der Manufaktur-, Fabrik- und Handarbeiter beiderlei Geschlechts«. Sie war sowohl die erste internationale Gewerkschaftsorganisation auf deutschem Boden als auch wesentliche Gründungsorganisation der proletarischen Frauenbewegung.

Das Genossenschaftswesen ist eine sächsische Erfindung

Genossenschaften fußen auf Selbstverantwortung, Selbsthilfe und Selbstverwaltung von Menschengruppen, deren Mitglieder ihre sozialen und wirtschaftlichen Ziele einzeln gar nicht oder nur schwer erreichen. Der bei Markranstädt geborene Viktor Böhmert beendete im Revolutionsjahr 1848 die Schulausbildung, um Theologie zu studieren. Er wurde in Leipzig Nationalökonom. Anschließend arbeitete er in Meißen als Gerichtsangestellter, wo er im Jahr 1855 den ersten genossenschaftlichen Vorschussverein im Königreich Sachsen gründete. Später vertrat er, unter anderem als Professor für Nationalökonomie in Dresden, wirtschaftsliberale Ideen von Freiheit und Selbstständigkeit. Diese brachten ihn bereits zuvor mit Hermann Schulze-Delitzsch in Kontakt, dem Begründer des Genossenschaftswesens in Deutschland. Der hatte mit dem Eilenburger Arzt Anton Bernhardi Grundgedanken für ein Genossenschaftswesen entwickelt. Mit der 1849 in Delitzsch entstandenen Schuhmacher-Assoziation wurde die Genossenschaftsidee zur unternehmerischen Rechtsform. Die folgenden, ebenfalls auf dem Prinzip der Solidarhaftung beruhenden Konsum-, Spar- oder auch Kreditvereine fanden im »Allgemeinen Verband der auf Selbsthilfe beruhenden Deutschen Erwerbs- und Wirtschaftsgenossenschaften« zusammen. Die Genossenschaftsidee wurde als Lösung der sich durch die Industrialisierungsfolgen zuspitzenden sozialen Fragen immer relevanter. Gertrud Alexander schrieb 1927 in »Aus Clara Zetkins Leben und Werk« über das Inspirierende dieser Bewegung: »Sie hat einiges von Lassalle gelesen, vor allem seine Auseinandersetzung mit Schultze-Delitzsch. Durch einen Bekannten ihres Bruders erhielt sie sozialdemokratische Zeitungen und Broschüren, Großen Eindruck machte auf sie Spielhagens Roman ›In Reih und Glied‹, in dessen Helden sie Lassalle und Schultze-Delitzsch erkannte.«

Im Jahr 1882 wurde in Pieschen bei Dresden der erste sächsische Konsum-verein gegründet. Max Radestock war ab 1889 sein Geschäftsführer und seit 1903 im Nebenamt für zehn Jahre erster Vorstandsvorsitzender des neu ge-gründeten Zentralverbands deutscher Konsumvereine. Sachsen wurde auch zum Mutterland der proletarischen Konsumvereine, die ihren Mitgliedern vor allem preisgünstige Lebensmittel anboten. Diese hatten ihre Gegner in der mittelständischen Bewegung, welche die kleinen Händler vor der immer mächtiger werdenden Konsumvereins-Bewegung schützen wollte. Die Kon-sumvereine wurden jedoch größer und entwickelten sich im Ersten Welt-krieg und der folgenden Weltwirtschaftskrise zu wesentlichen Elementen der Versorgung der Bevölkerung mit Nahrungsmitteln. Im Jahr 1926 hatte der Konsumverein Leipzig-Plagwitz 76.000 Mitglieder.

Kinderarbeit ist Ausdruck undemokratischer Verhältnisse

Bereits Agricola (1494–1555) berichtete über Kinderarbeit in den sächsi-schen Bergwerken der Reformationszeit. Frauen- und Kinderarbeit waren aber auch noch wesentliche Stützen der sächsischen Industrialisierung des 19. Jahrhunderts. Im Jahr 1840, ein Jahr nachdem zwischen Leipzig und Dres-den die erste deutsche Ferneisenbahnstrecke eröffnet und drei Jahre nach-dem die Dampfschifffahrt auf der Elbe eingeführt wurde, waren in Chemnitz, dem sächsischen Manchester, 7.213 Lohnarbeiter beschäftigt. 3.890 Män-ner, 1.817 Frauen sowie 1.916 Kinder. Elf- bis 14-Stunden Tage waren die Re-gel, Sonntagsarbeit keine Seltenheit. Die Lohntendenz fiel. Im Bericht der als Ergebnis einer Versammlung von Fabrikanten und Arbeitern in Chemnitz eingesetzten Kommission vom 21. Oktober 1849 waren »Bestimmungen der Gewerbeordnung über Kinderarbeit« enthalten. Demnach sollte kein Kind unter neun Jahren regelhaft gewerblich beschäftigt werden und jedes Kind mindestens für drei Jahre eine Schule besuchen. Diese gesetzlichen Bestim-mungen schränkten die Kinderarbeit zwar offiziell ein. Da aber nicht jede Handarbeit industriell ersetzt werden konnte, wurde sie teilweise in Heim- und Hausarbeit weiterbetrieben, wo sie nur schwer zu unterbinden war.

Das Sächsische Gewerbegesetz vom 15. Oktober 1861 verfügte, dass Kin-der unter zehn Jahren – ab dem 1. Januar 1865 unter zwölf Jahren – außerhalb von Häusern nicht in Werkstätten beschäftigt werden durften, in denen Fa-brikordnungen galten. Im Jahr 1870, unmittelbar nachdem der Norddeut-sche Bund die preußische Kinderschutzgesetzgebung übernommen hatte, konstatierte die Handels- und Gewerbekammer in Plauen, dass das Beschäftigungsverbot für Kinder unter zwölf Jahren außer Haus im sächsischen Vogtland so gut wie nicht respektiert werde. Gewerkschaften und Sozialdemokratie gingen deutschlandweit aber immer erfolgreicher gegen die Kinderarbeit vor. Auch deshalb sprachen sich Crimmitschauer Unternehmen im Jahr 1883 in Form eines Gutachtens gegen jede Beschränkung der Kinderarbeit aus und bedauerten noch im Jahr 1897 in einer Eingabe an die Handelskammer, dass die Kinderarbeit mittlerweile nahezu abgeschafft sei.

Das »*Gesetz, betreffend Kinderarbeit in gewerblichen Betrieben*« vom 30. März 1903 versuchte auf Reichsebene auch die Heimarbeit von Kindern einzuschränken. Kinder unter zwölf Jahren durften gar nicht mehr zu Hause oder in Werkstätten beschäftigt werden. Im Jahr 1911 veröffentlichte der sächsische Sozialdemokrat Otto Rühle mit »Das proletarische Kind« eine viel beachtete empirisch-soziologische Beschreibung der Lebensbedingungen von Arbeiterkindern seiner Zeit. Vor allem in der von der Gewerbeaufsicht kaum kontrollierbaren Heimarbeit in der Textilindustrie war aber noch während der Weimarer Republik Kinderarbeit weit verbreitet. Erst die massive Durchsetzung der Schulpflicht setzte der Kinderausbeutung nach und nach ein Ende.

Schulpflicht steht für Demokratie

Mit der Reformation endete in Sachsen die Vorherrschaft der Kirche über das Schulwesen und ging sukzessiv in weltliche Hände über. In Dresden eröffnete die erste eigentliche Stadtschule Sachsens, eine Lateinschule. Das Herzogtum Pfalz-Zweibrücken führte im Jahr 1592 als weltweiter Vorreiter die allgemeine Schulpflicht für Jungen und Mädchen ein. Zwar gab es 1580 eine sächsische Schulordnung des Kurfürsten August, die aber erst in den Jahren 1713 beziehungsweise 1724 reformiert wurde und die Schulpflicht in Ansätzen einführte. Während einige Autoren meinen, die Schulpflicht wurde in Sachsen im Jahr 1769 eingeführt, sagen andere, dies geschah 1805 beziehungsweise erst mit dem Volksschulgesetz von 1835. Dieses erklärte den Bau und Betrieb von Schulen zur Pflichtaufgabe einer Gemeinde, regelte die Finanzierung des Schulbetriebes und definierte auch verbindliche Unterrichtsinhalte.

Wichtiger als das Datum erscheint die Durchsetzung der Schulpflicht, vor allem gegen den Widerstand der ländlichen Bevölkerung, die noch zu großen Teilen auf die Arbeitskraft der Kinder angewiesen war. So war die Schulpflicht zwar eingeführt, wurde aber, wie die Kinderarbeit, nur ungenügend kontrolliert. Durch das Volksschulgesetz von 1873 gelangte die Schulverwaltung ins Kultusministerium und die Schulaufsicht in die Verantwortung von Bezirksschulinspektoren. Dieses Gesetz blieb ohne wesentliche Änderungen bis 1918 gültig.

Während des Kaiserreichs werden mehr Menschen durch Wahlen in demokratische Verfahren integriert

Die Bevölkerung Sachsens verdoppelte sich industrialisierungsbedingt zwischen 1867 und 1905 von 2,4 auf 4,5 Millionen Einwohner. Der sächsische König Johann war ein Freund einer auf Verhandlungen der Regierungen basierenden deutschen Einigung. Reichskanzler Otto von Bismarck hingegen strebte eine von Preußen geführte deutsche Einheit an. Nachdem Sachsen in der Schlacht von Königgrätz mit Österreich gegen Preußen verloren hatte, wurde es zwangsweise dem Norddeutschen Bund einverleibt und ab 1871 Mitglied des »Zweiten« Deutschen Reiches. Dieses Kaiserreich war keine Demokratie. Zwar wurde der Reichstag nach einem vergleichsweise fortschrittlichen Wahlrecht gewählt, aber die Regierung war vom Kaiser – dem preußischen König – bestimmt, so dass Wahlen nur bedingten Einfluss auf die Machtausübung hatten. Der liberale Friedrich Naumann schrieb: »Es ist aus den damals gehaltenen Reden unzweifelhaft, dass es nicht demokratische Begeisterung war, die das Reichstagswahlrecht schuf, dass aber der Hauptgrund seiner Annahme doch der war, dass die Regierung und insbesondere Bismarck sich auf den Geist der Masse stützen mußten, wenn sie nationale Fortschritte machen wollten. In kritischen Zeiten der Staaten braucht man das ›Volk‹. [...] Wenn die Kanonen schießen, dann werden auch älteste Staatshäupter sozial. Es war die Kriegszeit 1866–1870, die dem Reiche sein Wahlrecht gab, die magna charta der deutschen Demokratie.«[34] Aber auch Friedrich Naumann konnte nichts daran ändern, dass sich der deutsche Liberalismus während der Kaiserzeit im Vergleich zu Großbritannien oder Frankreich nur wenig emanzipierte. Auf kommunaler und Länderebene stark und organisiert, fehlte es ihm im Reich an Durchsetzungskraft.

Sachsen hatte nach Einführung der Verfassung im Jahr 1831 sein Wahlrecht zwischen 1848 und 1909 sieben Mal geändert und damit das Wahlrecht für die weniger vermögenden Sachsen vergleichsweise eher eingeschränkt denn ausgebaut. Mit fast jeder Reform wurde der Kreis der Wahlberechtigten jedoch wachstumsbedingt erweitert.

Die Politik in Sachsen unterlag nach der Reichsgründung schärfer als zuvor der Polarisierung zwischen der »Umsturzpartei« SPD und dem »Kartell der Ordnungsparteien« aus Liberalen und Konservativen. Auch Freisinnige gehörten diesem Lager an, spielten aber nur eine Nebenrolle. Eine beide Lager verbindende Partei, wie in anderen Ländern die Zentrumspartei, existierte nicht. Später boten sich antisemitische Parteien wie die Deutsche Reformpartei erfolgreich als Alternative zu beiden Lagern an. Ab 1905 gingen die Nationalliberalen zunehmend auf Distanz zur Kartellpolitik, womit sich auch die Lagermentalitäten nach und nach aufzuweichen begannen.

Zuvor jedoch litten die Wahlergebnisse der Sozialdemokraten unter dem Kartell. Da vor allem die Konservativen und Nationalliberalen in den einzelnen Wahlkreisen so gut wie nie Kandidaten gegeneinander aufstellten und zum Gewinn des Wahlkreises die relative Mehrheit genügte, wurde der nominell fast immer stärkste Kandidat der Sozialdemokraten von dem Kandidaten übertrumpft, den Konservative und Nationalliberale stützten.

Da im Norddeutschen Bund das geheime, gleiche, allgemeine und direkte Wahlrecht galt, passte Sachsen noch 1866 seine Landesverfassung an, um dieses Wahlrecht nicht für die sächsischen Landtagswahlen Gültigkeit bekommen zu lassen. Minister Richard von Friesen setzte 1868 ein dem Reichstagswahlrecht etwas ähnlicheres Wahlrecht durch. So blieb auch weiterhin die erste Kammer in der Hand der Stände, während dies für die zweite Kammer nicht zutraf. Für sie galt der Zensus von drei Talern jährlicher Steuerentrichtung. Grundbesitz war keine Voraussetzung mehr für die Wahlteilnahme. Dieses neu eingeführte Zensuswahlrecht sicherte auf bürgerliches Drängen der wahlberechtigten Bevölkerung mehr politischen Einfluss. Die 1868 gewählte zweite Kammer mutierte so zu einer zunehmend parlamentarischen Volksvertretung, in der neuerdings Parteien und Fraktionen zugelassen waren. Das liberale Lager verfügte nun über die Parlamentsmehrheit.

Die ersten Sozialdemokraten im 1871 gewählten Reichstag stammten aus Sachsen. Sechs Jahre später, im Jahr 1877, nahm die Sozialdemokratie erstmals an einer Landtagswahl teil und konnte einen Delegierten in der zweiten Kammer des sächsischen Landtags platzieren. Drei Jahre nach Aufhebung des Sozialistengesetzes gewann die sächsische SPD bei den Reichstagswahlen 45,7 Prozent, während sie im gesamten Deutschen Reich lediglich 23,3 Prozent erhielt. Im Jahr 1895 erhielt die SPD, weil immer mehr Arbeiter den Zensus erbrachten, 14 von 82 Mandaten in der zweiten Kammer des sächsischen Parlaments.

Wohl weil sich weitere Wahlsiege für Sozialdemokraten abzuzeichnen begannen, wurde in Sachsen auf Druck der Konservativen im Jahr 1896 nach preußischem Vorbild ein Dreiklassenwahlrecht eingeführt und das Zensuswahlrecht abgeschafft. Männer ab 25, die allein wahlberechtigt waren, wurden entlang der Höhe ihres Steuerbeitrags in drei Klassen geteilt, die jeweils ein Drittel der Wahlmänner bestimmen durften. Weil etwa 80 Prozent der Wähler zur dritten Klasse gehörten, wurde mit dem neuen Wahlrecht einerseits der Kreis der Wahlberechtigten ausgeweitet, entschieden aber andererseits 80 Prozent der Wähler nur über zwei Drittel der Landtagssitze. Vor allem aber schloss es Nichtsteuerzahler gänzlich von der Wahl aus. Staatsminister von Metzsch begründete die Einführung des neuen Wahlrechts in der zweiten Kammer mit den Worten: »Wenn der Kammer fort und fort und in erhöhtem Maße Männer zugeführt würden, welche die in der Verfassung des Landes niedergelegten Grundsätze des Eigentums und in bezug auf die Autorität der Monarchie, einfach umstürzen wollen, kann das Parlament seine Aufgaben nicht erfüllen.«[35] Im Januar und Februar 1896 führten August Bebel und Wilhelm Liebknecht jeweils Demonstrationszüge Zehntausender Arbeiter in Leipzig gegen dieses Wahlrecht an, jedoch vergeblich. Vor allem wurde die Diskrepanz zwischen Landtagswahlrecht und Reichstagswahlrecht immer größer. Während ihre politische Partizipation eingeschränkt wurde, schritt die Politisierung der Benachteiligten und Ausgeschlossenen voran.

Die sozialdemokratischen Führungsgremien wie auch ihre Presseorgane konzentrierten sich nach der Aufhebung des Sozialistengesetzes zunehmend in Berlin, sodass auch Wilhelm Liebknecht und August Bebel häufig dort waren. Regelmäßig jedoch hielten sie sich aber auch in ihrem politischen Heimatland Sachsen auf.

Bei der Wahl des Jahres 1897 sank die Zahl der sozialdemokratischen Abgeordneten im sächsischen Landtag von zuvor 14 auf acht. Von 1901 bis 1905 war die SPD überhaupt nicht mehr im Landtag vertreten. Aber auch die Antisemiten rutschten durch das neue Wahlrecht in die Bedeutungslosigkeit. Die Leipziger Stadtverordnetenversammlung hatte aus Angst vor den Wahlerfolgen der SPD im Jahr 1894, als viele Arbeiterturnvereine und Arbeiterchöre zwangsaufgelöst wurden, bereits ein indirektes Dreiklassenwahlrecht eingeführt. In Chemnitz, in dem die Sozialdemokraten im Jahr 1892 eines der frühesten Kommunalwahlprogramme niedergelegt hatten, zogen sie im Jahr 1898 mit 17 Abgeordneten in das Stadtparlament ein, woraufhin im darauffolgenden Jahr mit einem neuen Kommunalwahlrecht die Höchstzahl der Abgeordneten aus der Arbeiterklasse auf neun begrenzt wurde. Dresden erhielt im Jahr 1905 ein berufsständisches Klassenwahlrecht.

Während die Wahlbeteiligung der Wähler der ersten Klasse konstant blieb, stieg die der zweiten und dritten Klasse seit 1901 verstärkt an. Bei der Reichstagswahl des Jahres 1903 gewann die sächsische Sozialdemokratie mit 59 Prozent der Stimmen 22 der 23 zu vergebenden Mandate. Deutschlandweit wurde nun vom »Roten Königreich Sachsen« geredet. Der deutschlandweit bekannt gewordene Crimmitschauer Streik im selben Jahr führte zur Gründung des »Verbandes Sächsischer Industrieller«. Der immer stärker werdenden SPD stand ein konservatives, zunehmend reaktionäres politisches System gegenüber. In den Augen der Sozialdemokraten wurde Sachsen zum »Probierland der Reaktion«.

Das Dreiklassenwahlrecht wurde auf Druck der Sozialdemokraten, die ab dem Herbst 1905 große Demonstrationen für ein neues Wahlrecht durchführten, sowie der Liberalen im Mai 1909 durch ein Pluralwahlrecht – eher ein Mehrstimmenwahlrecht – entschärft. Mit ihm bekamen männliche Wahlberechtigte eine Stimme, die je nach Bildung, Einkommen oder Lebensalter auf insgesamt fünf Stimmen pro Wähler ausgebaut werden konnte. Aber noch immer waren 25 Prozent der sächsischen Reichstagswähler von den Landtagswahlen ausgeschlossen. Dieses Wahlrecht wurde einmal angewandt, führte zu einer höheren Wahlbeteiligung, war die letzte Fortentwicklung der Verfassung des Jahres 1831 und galt, weil der Landtag während des Ersten Weltkrieges sein Mandat verlängerte, bis zur Konstituierung der Sächsischen Volkskammer nach Kriegsende. Vor allem aber führte es in der zweiten Kammer des Landtags zu gleich starken Fraktionen von Konservativen, Liberalen und Sozialdemokraten. Diese stellten bis 1912 in Sachsen die stärkste sozialdemokratische Fraktion in einem deutschen Landtag, obwohl sie wegen Wahlkreiszuschnitten, die die Konservativen begünstigten, und trotz 54 Prozent der Wählerstimmen nur 27 Prozent der Mandate erhielten. Das kommunale Wahlrecht jedoch blieb von der Demokratisierung des Landtagswahlrechts im Jahre 1909 unberührt.

Allgemein vertraten viele Liberale die These, dass durch die Pluralwahl des Jahres 1909 die zweite Kammer den Wählerwillen der Sachsen repräsentiere. Zwar wurde dieser besser als unter dem Dreiklassenwahlrecht berücksichtigt, genügte aber noch immer nicht demokratischen Kriterien. Für ein demokratisches Wahlrecht braucht es also eine Revolution.

Die bahnte sich an, entlud sich aber erst nach dem Ersten Weltkrieg. Zuvor verloren der Hof und die adlige Gesellschaft in Dresden um die Jahrhundertwende immer mehr ihren Einfluss auf die Öffentlichkeit. Das Bürgertum beherrschte die zunehmend medialisierten Diskurse, die von Feuilletons, Vereinen, Galerien oder Universitätsprofessoren auch über zentrale Fragen des Zusammenlebens geführt wurden. Die erste deutsche Gartenstadt Hellerau bei Dresden – Gegenentwurf zu den Mietskasernen der industrialisierten Städte – war Ausdruck der starken Verankerung der Lebensreformbewegung in Dresden. Bevor der Expressionismus in Dresden zu blühen begann, veröffentlichte im Jahr 1904 der Radebeuler Karl May mit »Und Friede auf Erden!« einen Roman, der Völkerfrieden und Toleranz preist.

Der organisierte Kampf um das Frauenwahlrecht begann im Jahr zuvor, 1903, mit den Reichstagswahlen. Acht Jahre später, im Jahr 1911, wurde in Leipzig die private Hochschule für Frauen eröffnet, die als erste akademische Anstalt Deutschlands bemüht war, Frauen für qualifizierte Berufe auszubilden. Die staatliche Anerkennung durch das sächsische Kultusministerium erhielt sie im Jahr 1917. Im selben Jahr wurde die ehemalige Verwaltungsdirektorin der Hochschule für Frauen, Else Ulich-Beil, Leiterin des Frauenreferats beim Kriegsamt Leipzig, wo sie für mehr als 10.000 sächsische Frauen Rüstungs-Arbeitsplätze organisierte. Unter der Führung Gertrud Bäumers unterstützte die bürgerliche Frauenbewegung die Kriegspolitik der Regierung.

Die 1857 bei Rochlitz mit dem Mädchennamen Eißner geborene Clara Zetkin, deren Mutter dem Allgemeinen Deutschen Frauenverein angehörte, zog mit ihren Eltern nach der Pensionierung des Vaters nach Leipzig. Durch die Bekanntschaft ihrer Mutter mit Auguste Schmidt, Mitbegründerin des Allgemeinen Deutschen Frauenvereins und Lehrerin an dem von einer weiteren ADF-Mitbegründerin, Ottilie von Steyber, gegründeten Steyberschen Erziehungsinstitut, kam Clara auf diese Schule. Je mehr sich Zetkin aber der proletarischen Frauenbewegung zuwendete, umso mehr ging Auguste Schmidt auf Distanz zu ihr. Zetkin verließ wegen des Sozialistengesetzes Deutschland, kehrte aber 1890 zurück, um beim Verlag J. H. W. Dietz als Übersetzerin für Russisch zu arbeiten. Von 1891 bis 1917 war Zetkin Herausgeberin der SPD-Frauenzeitung »Die Gleichheit«. Zetkin initiierte auf dem 8. Internationalen Sozialistenkongress vom 23. August bis zum 3. September 1910 in Kopenhagen den Internationalen Frauentag, stand aber auch für die Trennung zwischen der von ihr vertretenen sozialistischen Arbeiterinnenbewegung und bürgerlichen Frauenrechtlerinnen. Der erste Weltkrieg sollte auch innenpolitisch diese Fronten klären.

Die Weimarer Republik ist der erste demokratische Staat auf deutschem Boden

Mit der Revolution kommt die Sozialdemokratie an die Schaltstellen der Macht und schafft Wahlrecht für alle

Zu Beginn des Ersten Weltkriegs geriet nicht nur die SPD-Reichstagsfraktion, sondern die gesamte sozialdemokratische Partei wegen der Bewilligung von Kriegskrediten und der Burgfriedenspolitik durch die SPD-Fraktion in Streit. Der radikallinke Parteiflügel um Rosa Luxemburg und den 1871 in Leipzig geborenen Sohn Wilhelm Liebknechts, Karl Liebknecht, gründete daraufhin Anfang 1915 die Gruppe »Internationale« innerhalb der SPD. Aus dieser entstand am 1. Januar 1916 die »Spartakusgruppe«, welche der Maxime »Die einzige Verteidigung aller wirklichen nationalen Freiheit ist heute der Klassenkampf gegen den Imperialismus« folgte. Nachdem der SPD-Parteivorstand Parteilinke ausgeschlossen hatte, gründeten diese am 6. April 1917 im Gothaer Volkshaus »Zum Mohren« die USPD. Clara Zetkin wurde Gründungsmitglied, zentraler Antreiber dieser Entwicklungen in Sachsen war aber der 1874 in Großvoigtsberg bei Freiberg geborene Lehrer, Schriftsteller und Reichstagsabgeordnete Karl Heinrich Otto Rühle, der mit Liebknecht zusammen als einziger am 20. März 1915 gegen die Kriegskredite gestimmt hatte. Er und andere positionierten ihre Partei links der Mehrheits-Sozialdemokraten und setzten stärker als diese auf eine linkssozialistische Revolution.

Die sich abzeichnende Kriegsniederlage wurde von der anderen Seite des politischen Spektrums, vor allem den Alldeutschen und anderen antisemitischen Gruppen, der »von Juden dominierten Kriegswirtschaft« untergeschoben und der Krieg in einen Kampf zwischen Judentum und Deutsche umgedeutet. General Erich Ludendorff forderte im Wissen um den Zusammenbruch des Heeres zwar einen Waffenstillstand, schob aber die Schuld an der sich abzeichnenden Niederlage in Form der »Dolchstoßlegende« den Politikern, aber auch den Juden zu, die allesamt der »im Felde unbesiegten Armee« in den Rücken gefallen seien. Die Konservativen waren sich sicher, dass die Revolution des Novembers 1918, die Ausrufung der Republik, eine sozialistisch-jüdische Verschwörung war. Während der Antisemitismus der Kaiserzeit sich im Rahmen einer von ihnen bejahten Staatsform artikulierte, fiel ab 1919 die Bekämpfung der Juden mit der Bekämpfung des demokratischen Staates, der »Judenrepublik«, zusammen.

Die Wahlen zum sächsischen Landtag wurden derweil immer wieder verschoben, auch weil man die Wahlteilnahme von enttäuschten Kriegsteilnehmern verhindern wollte. Kaiser Wilhelm II. versprach Mitte des Jahres 1917 anstatt des preußischen Dreiklassenwahlrechts ein gleiches und allgemeines Wahlrecht einzuführen. Obwohl die Sozialdemokratie ausgesprochen stark und die Ablehnung der konservativen Regierung ausgeprägt war, ist die sächsische Bevölkerung am Kriegsende noch zu großen Teilen »wettinerisiert«. Die ersten Demonstrationen des Jahres 1918 richteten sich deshalb nicht gegen den König und die Monarchie, sondern gegen den Krieg. Im Mai 1918 forderte die zweite Kammer des sächsischen Landtags mit mehr als zwei Dritteln ihrer Stimmen die sächsische Regierung auf, ein neues Wahlgesetz vorzulegen. Die ablehnende Reaktion manifestierte sich im Statement des Innenministers Christof Graf Vitzthum von Eckstädt: »Die allgemeine Gleichheit [...] führt zum Tode aller Kultur.«[36]

Auf Reichsebene aber kamen die politischen Verhältnisse ins Rutschen. Ab dem 3. Oktober 1918 war die erste parlamentarische Reichsregierung unter Max von Baden im Amt, der mit Philipp Scheidemann und Gustav Bauer erstmals auch Sozialdemokraten angehörten. Einhergehende Verfassungsänderungen, durch die der Reichskanzler künftig das Vertrauen des Reichstags benötigte, machten aus dem Deutschen Reich vorübergehend eine parlamentarische Monarchie. Aller Orten bildeten sich nach dem Kieler Matrosenaufstand Arbeiter- und Soldatenräte. Am 9. November erklärte Max von Baden den Thronverzicht des Kaisers, der ins holländische Exil floh. Der Sozialdemokrat Philipp Scheidemann rief die Republik aus, Spartakistenführer Karl Liebknecht die sozialistische Republik. Ein Rat der Volksbeauftragten übernahm die Regierung, war aber durch den Richtungsstreit »Räterepublik oder parlamentarische Demokratie« gelähmt.

Ende Oktober traten auch die sächsischen Staatsminister zurück und am 5. November übernahm der nationalliberale Justizminister Rudolf Heinze die Regierung. Als erster deutscher Mittelstaat hatte Sachsen eine parlamentarische Regierung. In seinem Regierungsprogramm vom 5. November 1918 kündigte Heinze ein demokratisches Wahlrecht für die zweite Kammer an, wollte aber an der ersten als ständischer Vertretung festhalten, um die Sozialdemokratie so weiter in Schach zu halten.

In Großenhain wählten am 6. November 1918 rund 3.000 Soldaten der Fliegerkaserne den ersten Soldatenrat Sachsens. An den darauffolgenden Tagen entstanden nach russischem Vorbild Soldatenräte in Leipzig und Chemnitz sowie weiteren Städten. Ende November gab es in Sachsen 124 Arbeiter- und Soldatenräte, überwiegend dominiert von SPD, USPD und der Spartakusgruppe. Am 9. November besetzten Arbeiter und Soldaten in Dresden neben dem Polizeipräsidium noch andere Regierungsgebäude wie das Generalkommando des Heeres. Der König hatte sich bereits am Abend des 8. November nach Schloss Moritzburg zurückgezogen, bevor nach 829 Jahren Regierungszeit mit den Wettinern die älteste deutsche Dynastie als herrschende Familie ihr Ende fand. Der Revolutionäre Arbeiter- und Soldatenrat Dresdens, dem Sozialdemokraten wie Georg Gradnauer und Johann Wilhelm Buck angehörten, erklärte die Monarchie für beendet, den König für abgesetzt und übernahm von den Wettinern in friedlicher Weise die exekutive Macht. Die Revolution verlief in Sachsen auch deshalb unblutig, weil der König seinen Truppen die Waffenanwendung untersagt hatte. Aber auch der sächsische Spartakus-Anführer Fritz Heckert, über seine Ehefrau mit dem russischen Revolutionsführer Lenin bekannt, erklärte am 9. November der Chemnitzer Stadtverwaltung, dass es ihm um »die ungestörte Fortführung der Geschäfte der Stadtverwaltung durch die jetzigen Vorstände und Beamten« ginge.

Am 10. November rief im Dresdner Zirkus Sarrasani der Sozialdemokrat Herrmann Fleißner die Republik aus, bevor am 13. November König Friedrich August III. auf Schloss Guteborn bei Ruhland auf den Thron verzichtete. Am darauffolgenden Tag erklärte der »Zentrale Arbeiter- und Soldatenrat« in einer von Otto Rühle geprägten Proklamation an das sächsische Volk die Diktatur der Arbeiterklasse, die mit Enteignungen einhergehen sollte. Der »Rat der Volksbeauftragten«, dem je drei Mitglieder von USPD und SPD angehörten, übernahm am 15. November unter dem Vorsitz des kurz zuvor aus der Untersuchungshaft entlassenen Leipziger USPD-Führers Richard Lipinski, dem revolutionär-demokratisch bestimmten Ministerpräsidenten des Landes, die Regierungsgewalt. Spartakisten um Fritz Heckert und Otto Rühle hatten ihre Beteiligung abgelehnt, weil sie mit der revolutionsfeindlichen SPD keine Politik machen wollten. Da diese radikalen Positionen in Sachsen besonders ausgeprägt waren, wurde reichsweit der Begriff vom »Roten Sachsen« zum geflügelten Wort.

Die Regierung erklärte Sachsen anfangs zur »sozialen Republik«, wollte die herrschende bürgerliche Klasse abschaffen und dem Willen der Arbeiterklasse zur Macht verhelfen. Zu diesem Zweck sollte das Volk bewaffnet, die Kirche vom Staat getrennt und letztlich der sächsische Staat zugunsten einer sozialistischen Republik aufgelöst werden. Am 18. November verkündete der Rat der Volksbeauftragten, der sich als Gesamtministerium verstand, jedoch, dass die Verwaltungsbehörden ihre Arbeit fortsetzen sollten. Die bereits unter der Vorgängerregierung tätigen Beamten würden keiner Gewissensprüfung unterzogen. Zwei Tage später erklärte der Rat außerdem, dass der sächsische Staat weiterexistieren und niemand enteignet würde.

Was hatte zu dieser politischen Richtungsänderung geführt? Mehrheits-Sozialdemokraten und USPD stritten weiter um die anzustrebende Regierungsform. Während die SPD eine parlamentarische Demokratie errichten, Volksversammlungen einberufen und damit die Arbeiter- und Soldatenräte überflüssig machen wollte, verlangte die USPD für die Räte eine zentrale und dauerhafte Rolle, idealerweise in einem Repräsentationssystem aus Parlament und Räten. Die Wahlen für den Landesrat der Arbeiter- und Soldatenräte Ende des Jahres 1918 gewann die SPD aber derart deutlich, dass in ihm künftig den 28 SPD-Mitgliedern lediglich zwei USPD-Mitglieder gegenüberstanden. Mit dieser Macht im Landesrat der Räte und ihrer dominierenden Funktion in der Regierung konnte die SPD die Richtung des zukünftigen sächsischen Staatsaufbaus vorgeben. Die USPD-Vertreter zogen sich zurück, einige wurden Anfang des Jahres 1919 Gründungsmitglieder der Kommunistischen Partei.

Diese entstand deutschlandweit auf der Spartakus-Reichskonferenz ab dem 29. Dezember 1918 in Berlin. Im Festsaal des preußischen Abgeordnetenhauses versammelten sich etwa 130 Delegierte, lösten sich aus ihren alten Bindungen und erklärten später die Versammlung zum Gründungsparteitag der Kommunistischen Partei Deutschlands (KPD). Diesen Namen hatte der Vorsitzende des Chemnitzer Arbeiter- und Soldatenrates Fritz Heckert vorgeschlagen. Bereits am 3. Januar berichtete Heckert in »Zweinigers Ballhaus« in Chemnitz vom Gründungsparteitag, während im Nahen Reichenbrand die erste KPD-Ortsgruppe der Region gegründet wurde. Chemnitz wurde unter Heckerts Führung zur reichsweiten Hochburg der KPD, während Linksrevolutionäre wie Otto Rühle sie an anderen Orten Sachsens ins Leben riefen.

Das allgemeine und geheime Verhältniswahlrecht, das für Frauen und Männer über 20 Jahre im gesamten Reich galt, erlangte Gesetzeskraft am 30. November 1918. Am 12. Januar des Jahres 1919 wurde erstmalig nach diesem Wahlrecht gewählt. Kurz vor Ende des Jahres 1918 beschloss der Rat der Volksbeauftragten auch in Sachsen eine Verordnung über die anstehenden Wahlen zur sächsischen Volkskammer.

Neben der Einführung des allgemeinen Wahlrechts gehörten auch die Koalitions-, Presse- und Versammlungsfreiheit, soziale Normen wie der ab Dezember 1918 eingeführte Achtstundentag, Arbeitslosenunterstützung, erweiterte Krankenversicherung oder die Tarifautonomie der Gewerkschaften, die Aufhebung der Gesindeordnung und die Aufhebung von Ausnahmegesetzen gegen die Landarbeiter zu den unmittelbaren Folgen und Errungenschaften der Revolution. Später bildeten sich Betriebsräte, wurde die Rechtspflege modernisiert, und der Religionsunterricht in den Schulen war nicht mehr verpflichtend.

Mit der Errichtung der Republik und den beschriebenen ersten politischen Neugrundlegungen aber hatte die Sozialdemokratie, und erst recht die Arbeiterklasse, keineswegs die gesamte Macht in Sachsen dauerhaft erobert. Sie hatte sie vorerst nur in der Hand und musste sie vor allem gegen undemokratische Kräfte ständig verteidigen.

Parlament und Regierung bringen das erste demokratische Gesetz auf den Weg

Vor dem Ersten Weltkrieg hatte die SPD in Sachsen rund 180.000 Mitglieder. Während der Weimarer Republik gewann sie jede Landtagswahl und stellte bis einschließlich 1929 sechsmal den Ministerpräsidenten. Dies bedeutete aber nicht friedliche Regierungskontinuität. Der sächsische Landtag und die von ihm getragene Regierung waren zwar repräsentative Vertretungen des sächsischen Wählers, doch als Kerninstitutionen der Weimarer Demokratie standen sie oft unter dem Druck unterschiedlicher politischer Instanzen: der einzelnen Parteien, der außerparlamentarischen Opposition oder der Medien.

Soziale Unruhen und Streiks prägten bereits Anfang des Jahres 1919 die politische Gesamtsituation in Sachsen. Die Regierung war zu schwach sie zu beenden. Auch die regelmäßige Verhängung des Ausnahmezustandes änderte daran nichts, so dass Truppen des Reiches, unter dem Kommando des ersten sozialdemokratischen Sicherheits- und Militärministers Gustav Noske eingreifen mussten. Das trieb zwischen KPD und USPD auf der einen Seite, und SPD auf der anderen einen immer größeren Keil. Trotzdem blieb zwischen radikal linken Sozialdemokraten und der KPD ein auf dem Sozialismus-Ideal und der gemeinsamen sozialen Herkunft fußender Konsens bestehen.

Nach dem Rücktritt der drei USPD-Volksbeauftragten am 16. Januar 1919 bildete der Sozialdemokrat Georg Gradnauer eine SPD-Regierung. Die Sozialdemokratie gewann auch die Wahlen zur sächsischen Volkskammer am 2. Februar, zwei Wochen nach den ersten Wahlen zur Nationalversammlung, mit großem Abstand vor der neu gegründeten liberalen Deutschen Demokratischen Partei (DDP) und der USPD. Es folgten die beiden übrigen Parteien Deutschnationale Volkspartei (DNVP) und Deutsche Volkspartei (DVP).

Die DDP unter ihrem Reichsparteivorsitzenden Friedrich Naumann hatte das Erbe der Nationalliberalen/Fortschrittlichen übernommen und führte in Sachsen mit 22,9 Prozent das bürgerliche Lager an. Sie bekannte sich wie keine andere zur parlamentarischen Demokratie, allgemeiner sozialer Wohlfahrt und individuellen Freiheitsrechten, obwohl die Partei in Sachsen eher nationalliberal ausgerichtet war. Marie Stritt machte für sie – nachdem sie den Vorsitz des Deutschen Verbandes für Frauenstimmrecht und den Vorsitz des Weltbundes für Frauenstimmrecht niedergelegt hatte – in Dresden als Stadträtin Kommunalpolitik, bevor sie ab 1925 Vorsitzende des »Stadtbundes Dresdner Frauenvereine« wurde. In Chemnitz war Quäkerin Luise Marie Pleißner, später Grande Dame der Chemnitzer Liberalen, nach Kriegsende Vorsitzende des ADLV, und als Vorsitzende des Frauenbundes der DDP Mitglied des DDP-Vorstands. Ende der 1920er-Jahre gründete sie die Ortsgruppe Chemnitz des deutschen Staatsbürgerinnenverbandes und 1932 den Bund der Mütter und Erzieherinnen für den Frieden in Chemnitz.

Die ebenfalls neugegründete rechtskonservative Deutschnationale Volkspartei (DNVP) erhielt in den Wahlen vom 2. Februar 1919 14,3 Prozent. Sie war die Nachfolgerin der antisemitischen Deutschvölkischen Partei sowie des Deutschvölkischen Schutz- und Trutzbundes (DSTB). Ihr Programm war mit der ideologischen Formel Monarchie, nationale Ehre und Volksgemeinschaft auf den autoritären Staat ausgerichtet. Die meisten rechten und konservativen Gegner der Demokratie sammelten sich hier. So lebte in ihr das elitäre Kaiserreich aus Adel, Offizieren, Agrariern und Beamten fort. Sie war außerdem der stärkste Transformationsriemen des Antisemitismus der Kaiserzeit in die Weimarer Republik.

Die 1918 ebenfalls neugegründete Deutsche Volkspartei (DVP) um Gustav Stresemann trat das Erbe der Nationalliberalen an, forderte die konstitutionelle Monarchie, war anfangs überwiegend in Dresden stark und aktiv und erhielt 3,9 Prozent, was vier Mandaten entsprach. In Sachsen galt sie als besonders konservativ.

DNVP, DDP, DVP wurden im Gegensatz zur Sozialdemokratie und KPD jedoch überwiegend nur in den Wahlkämpfen sichtbar. Ihre seltenen zwischenzeitlichen Versammlungen waren meist schlecht besucht. Im Vergleich zu den süddeutschen Ländern, verfügte Sachsen über keine katholische Zentrumspartei und kein ausgeprägtes liberales Bürgertum, welches während der Weimarer Republik innerhalb des Parteiensystems ausgleichend wirkte. Das Bürgertum insgesamt begriff sich im Gegensatz zur Arbeiterklasse und Sozialdemokratie außerdem nicht als einheitliche Gruppe oder Klasse.

Am 27. Februar beschloss die sächsische Volkskammer das »Vorläufige Grundgesetz für den Freistaat Sachsen« als Übergangsverfassung. Mit ihm erhielt Sachsen erstmals eine republikanische Staatsform und wurde als »Freistaat« Bundesstaat der Weimarer Republik. Freistaat ist eine Übersetzung des französischen Wortes *république*. Bereits Georg Büchner hatte im Jahrhundert zuvor geschrieben:»Deutschland, das jetzt die Fürsten schinden, wird als ein Freistaat mit einer vom Volk gewählten Obrigkeit wieder auferstehen.« In 21 Paragrafen wurde mit der vorläufigen Verfassung das Verhältnis von Regierung und Parlament in einem Sinne geregelt, dem auch die Verfassung des Jahres 1920 folgen sollte. Über von der Volkskammer mehrheitlich beschlossene Gesetze konnte die Regierung beispielsweise innerhalb eines Monats eine Volksabstimmung anordnen. Sollte das Gesetz bestätigt werden, müsste die Regierung zurücktreten, sollte das Gesetz durch die Volksabstimmung verworfen werden, könnte die Volkskammer aufgelöst werden. Ein von der USPD eingebrachter Antrag über die Einführung eines Zweikammersystems, in dem die Macht der Arbeiter und Soldatenräte festgeschrieben werden sollte, wurde mehrheitlich abgelehnt. Somit war die Räte-Idee der Revolution, die mit dem Spartakussaufstand in Berlin und den Räterepubliken in Bremen und München im Frühjahr des Jahres 1919 zur Macht drängte, auch in Sachsen gescheitert. Im Mai wurden Kirche und Staat endgültig getrennt, und das Volksschulgesetz vom 11. Juli 1919 beendete auch den verpflichtenden Religionsunterricht.

Am 10. März scheiterten die Koalitionsverhandlungen zwischen SPD und USPD, so dass am 14. März Gradnauer mit den Stimmen seiner SPD, der DVP wie auch einigen DNVP-Stimmen zum ersten Ministerpräsidenten des Freistaats Sachsen gewählt wurde. Die Herrschaft der Volksbeauftragten war beendet, und die bürgerlichen Parteien unterstützten Gradnauer, um die USPD von der Macht fernzuhalten. Dadurch war er aber auf die Unterstützung der DDP angewiesen, was die sozialdemokratische Regierungspolitik erschwerte. Sein Kabinett bestand bis Anfang Oktober ausschließlich aus SPD-Mitgliedern. Die sozialdemokratische Fraktion wurde von Karl Sindermann, Vater des späteren SED-Funktionärs Horst Sindermann, angeführt.

Während Ende März die sächsische Regierung mit militärischer Gewalt die Ordnung wieder herstellte, wurde die Arbeit der Volkskammer und der Regierung dadurch erschwert, dass die Weimarer Reichsverfassung erst am 11. August 1919 in Kraft trat. Das bereits seit 1897 in Leipzig ansässige Reichsgericht, Oberster Gerichtshof für die ordentliche Gerichtsbarkeit im Reich, wurde anschließend um den Staatsgerichtshof für das Deutsche Reich, den »Hüter der Reichsverfassung«, erweitert.

Aber das »Rote Sachsen« stand unter Beobachtung. Vor allem durch seine politischen Gegner. Durch die hier nicht nur starke, sondern auch regierende SPD könnte das Land, so die Hoffnung vieler, eine linke und demokratische Gesellschaft durch eine sozialdemokratische Reformpolitik schaffen und zum Vorbild für andere werden. Für eine stabile Linksregierung zwischen SPD, USPD und gegebenenfalls KPD waren die Parteien untereinander jedoch zu zerstritten.

Die republikanischen Verfassungsfeiern am Jahrestag der Unterzeichnung der Weimarer Verfassung, dem 11. August, begingen in den folgenden Jahren nahezu ausschließlich SPD, DDP und Reichsbanner. DNVP und DVP hingegen versammelten sich jährlich zu Bismarckfeiern. Die Regierung sah sich sowohl von diesen bürgerlichen Parteien, die von einer »in jeder Beziehung nur unerfreulichen Epoche« sprachen, wie auch von der wenig berechenbaren KPD herausgefordert. Ein DNVP-Abgeordneter verstieg sich sogar zu der Behauptung, dass die Existenz der deutschen Gesellschaft durch die sozialdemokratischen Reformen bedroht würde.

Sachsen erhält die erste demokratische Landesverfassung

Am 14. August 1919 trat die Verfassung von Weimar in Kraft, womit Sachsen die Militärhoheit über sein Territorium verlor. Der spätere sozialdemokratische Reichsjustizminister Gustav Radbruch schrieb an Friedrich Naumann, die Verfassung sollte das »wichtigste Volks- und Schulbuch« sowie der »weltliche Katechismus deutscher Nation« werden. Dies gelang nicht, auch weil die Anwendung ihrer Art. 25 und 48, die den starken Reichspräsidenten ermächtigten, den Reichstag aufzulösen oder mittels Notverordnungen zu regieren, sich für die Entwicklung der jungen Demokratie als hinderlich erwiesen.

Die Volkskammer nahm am 26. Oktober 1920 die erste demokratisch entstandene sächsische Verfassung einstimmig an, die am 1. November 1920 in Kraft trat und mit der sowohl die Verfassung vom 4. September 1831 als auch die vorläufige Verfassung vom 28. Februar 1919 aufgehoben wurden. Mit der neuen sächsischen Verfassung wurde für Männer und Frauen ab 20 Jahren das demokratische Verhältniswahlrecht festgeschrieben, der Landtag als gesetzgebende Gewalt festgelegt und das Zweikammersystem abgeschafft. Im Vorfeld war zwischen Sozialdemokraten und bürgerlichen Parteien strittig, wie die Machtverteilung zwischen Parlament und Regierung gelagert sein sollte. Die Sozialdemokraten setzten sich in der Form durch, dass laut Verfassung das auf vier Jahre gewählte Parlament und nicht die Exekutive das letztendlich entscheidende Organ in Sachsen sein sollte. Der Landtag wählte zukünftig nicht die Regierung en bloc, sondern einzelne Minister und den Ministerpräsidenten. Er konnte sich selbst auflösen beziehungsweise durch ein Volksbegehren beendet oder durch Antrag der Regierung auf einen Volksentscheid aufgelöst werden. Die Regierung wurde auch dadurch eingeschränkt, dass die Verfassung unterschiedliche Formen direkter Demokratie vorsah. Insgesamt aber schrieb die Verfassung keine Wirtschaftsordnung oder Grundrechte vor und konzentrierte sich auf die Staatsorganisation.

Am Tag nach der Unterzeichnung der Weimarer Verfassung, dem 12. August 1919, verkündete Reichsminister Matthias Erzberger, dass die reichseigene Steuerorganisation der bedeutendste Schritt zum Aufbau des deutschen nationalen Einheitsstaates darstelle. Mit dem Reichs-Landessteuergesetz vom 30. März 1920 wurde die bis dahin weitreichende finanzielle Autonomie der Kommunen erheblich eingeschränkt. Sie wurden von Zuweisungen der von der zentralisierten Steuerverwaltung profitierenden übergeordneten Verwaltungsebenen abhängig. Die Mehrheit des deutschen Bürgertums und seine Elite standen auch deshalb der republikanischen Ordnung weiterhin skeptisch bis ablehnend gegenüber. Man arrangierte sich mit den Gegebenheiten und gab sich als »Vernunftrepublikaner«.

Der Kapp-Putsch und die Zeigner-Regierung legen Schwächen der Demokratie offen

Die alte Elite aus Staatsbürokratie und Reichswehr, ostelbischem Großgrundbesitz und Großindustrie hatte nach der Niederlage der Revolution des Jahres 1918 im Reich nach und nach große Teile ihres Einflusses zurückerobert. Extrablätter berichteten der sächsischen Bevölkerung am 13. März 1920 vom Kapp-Putsch in Berlin. Rechtsnationale und extremistische Freicorps hatten das Berliner Regierungsviertel besetzt und Wolfgang Kapp, einen hohen ostpreußischen Beamten, zum Reichskanzler berufen. Die Reichsregierung und der Reichspräsident flohen vor den Putschisten vorübergehend nach Dresden. Aber auch hier brachen Straßenkämpfe aus. Weil die Haltung des in Dresden kommandierenden Generals Georg Maercker unklar war, reiste die Regierung weiter nach Stuttgart. Die Gewerkschaften riefen am 15. März den Generalstreik aus, dem auch in den sächsischen Städten viele Folge leisteten. Arbeiterräte und Aktionsausschüsse formierten sich gegen den Putsch. Vor allem in Leipzig und Dresden kämpften bis zum 19. März die Arbeiter gegen Reichswehrsoldaten und Zeitfreiwillige.

Der Putsch führte aber zum weiteren Vertrauensverlust in die Regierung Gradnauer, die in dieser unübersichtlichen Zeit nicht zum ersten Mal Reichswehr und andere Militärverbände nach Sachsen holte, um gegen die Arbeiterbewegung vorzugehen. Gradnauer trat im April 1920 von seinem Amt zurück, trotzdem verweigerte sich die USPD einer Regierungsbeteiligung, woraufhin Sozialdemokrat Wilhelm Buck vom 4. Mai bis zum 14. November als Ministerpräsident die sozial-liberale Regierung fortsetzte. Im Gegensatz zum Reich saß die sächsische SPD fest im Sattel und rückte nach links.

Nachdem am 26. Oktober 1920 die Verfassung von der Volkskammer einstimmig angenommen worden war, löste diese sich zwei Tage später auf. Die Landtagswahlen am 14. November 1920 gewann die SPD. Sozialdemokrat Wilhelm Buck bildete im Dezember 1920 eine Minderheitsregierung mit der USPD. Die Regierung blieb fast zwei Jahre lang im Amt und entwickelte sich zu einer vergleichsweise reformfreudigen Landesregierung. Da Buck die verschiedenen Flügel der Sozialdemokratie integrieren konnte, nutzte diese insgesamt die Aufbruchsstimmung und konjunkturelle Hochphase nach dem Krieg für links-republikanische Projekte. Mit denen sollten neben der Etablierung demokratischer Verfahren die Grundlagen für einen Sozialstaat gelegt werden um die Nachkriegsgesellschaft zu modernisieren. Hier beginnt die – Deutschland über die Systeme hinweg besonders prägende – freie Wohlfahrtspflege, die in einer Mischung aus staatlichen, halbstaatlichen und freien Trägern bis ins heutige 21. Jahrhundert subsidiär vor Ort den Sozialstaat trägt und ganz wesentlich die Akzeptanz von Demokratie fördert.

Die Regierung stand jedoch auf wackeligen Beinen, weil sie von den Kommunisten abhing. KPD-Fraktionssprecher Rudolf Renner verfolgte das Ziel, »die Verfassung zu stürzen und die Massen zum Sturz der Verfassung und des Landtages aufzurufen«. Gleichzeitig kündigte er aber an, die sozialdemokratische Regierung zu unterstützen, »um den Massen die Illusion zu zerstören, dass eine solche sozialistische Regierung zum Sozialismus führen oder das Elend beseitigen kann«.[37] Eine Bildungsreform wurde trotzdem angegangen, der 1. Mai wie auch der 9. November als Tag der Novemberrevolution wurden zu Feiertagen erklärt, bevor sich der Landtag im Streit um diese Feiertage Mitte September 1922 auflöste. Im selben Monat vereinigten sich SPD und USPD immerhin wieder, um, so geeint, am 5. November 1922 bei den Landtagswahlen stärkste Fraktion zu werden und gemeinsam mit der KPD die Mehrheit im Landtag zu erringen.

Mittlerweile grassierte in Deutschland aber die Inflation. Sie, wie auch die immer stärker zutage getretene Unerbittlichkeit der politischen Gegner, führten zur Polarisierung der Gesellschaft. Diese zeichnete sich nicht nur im Parlament ab, sondern verlagerte sich zunehmend in außerparlamentarische Räume, vor allem auf die Straße. Hier bekämpfte die Linke die drohende Konterrevolution, während bürgerliche und rechtsnationale Kräfte eine »Bolschewisierung der Gesellschaft« verhindern wollten.

Am 21. März 1923 übernahm die Regierung des Sozialdemokraten Erich Zeigner in Dresden ihr Amt. Auch wegen des Ruhrkonflikts und der andauernden antidemokratischen Umtriebe der Reichswehr sah sie sich permanenter Bedrohung gegenüber. Sechs Monate später wurde am 27. September

1923 im gesamten Deutschen Reich wegen inflationsbedingter Ausschreitungen – in Freiberg gab es an diesem Tag viele Tote und Verletzte – der Ausnahmezustand verhängt. Freiberg wurde in Bannkreise aufgeteilt, die Reichswehr patrouillierte an verkehrsreichen Orten und brachte Maschinengewehre in Stellung. Am 10. Oktober nahm Erich Zeigner drei KPD-Mitglieder in die Regierung auf. Der KPD-Vorsitzende Sachsens, Heinrich Brandler, bekleidete das Amt des Leiters der sächsischen Staatskanzlei, Fritz Heckert wurde Wirtschaftsminister und Paul Böttcher Finanzminister. Zeigner stieg so zu dem deutschlandweit von rechts meistgehassten Sozialdemokraten auf, während die Linke ihn zur Ikone erhob.

Der sozialdemokratische Reichspräsident Friedrich Ebert, gedrängt von der Reichsregierung unter dem DVP-Vorsitzenden Gustav Stresemann und bedroht durch die paramilitärischen kommunistischen »Proletarischen Hundertschaften«, die auf einen Umsturz hinarbeiteten, setzte aber im Rahmen der sogenannten »Reichsexekution gegen Sachsen« die Regierung ab. Am 21./22. Oktober besetzten Reichstruppen Sachsen, und die Regierung wurde am 29. Oktober unter dem Beifall weiter Teile des sächsischen Bürgertums aufgelöst. Rudolf Heinze, der letzte königliche Ministerpräsident des Jahres 1919, übernahm als Reichskommissar die Regierungsgewalt. Am 1. November 1923 wurde unter Alfred Fellisch eine Übergangsregierung gebildet. Egal aus welchem Blickwinkel man diese Vorgänge betrachtet, für Demokratie warben sie nicht.

Die Frauenbewegung erreicht viele Ziele

Der Frauenüberschuss war während der Weimarer Republik in Sachsen erheblich, bedingt einerseits durch Kriegsverluste an Männern, andererseits durch die ins 19. Jahrhundert zurückreichende starke Zuwanderung von Frauen in die Textilindustrie. Mit dem Ende des Krieges hatten die Frauen nach der Zulassung zum Universitätsstudium auch das aktive und passive Wahlrecht erlangt. Drei Frauen waren im ersten sächsischen Nachkriegslandtag, der Volkskammer, vertreten. Die seit 1920 in Dresden lebende Else Ulich-Beil war Abgeordnete der DDP und verantwortete 1920 als Regierungsrätin für Soziales im sächsischen Innenministerium die Einführung des Landesamtes für Wohlfahrtspflege, ferner Prüfungsordnungen für drei staatlich anerkannte Wohlfahrtsschulen sowie Mütterberatungsstellen. Später erhielt sie Ämter wie Vorstandsmitgliedschaften beim Bund Deutscher Frauen-

vereine und dem Allgemeinen Deutschen Frauenverein sowie ein Delegier-
tenmandat beim Völkerbund. Die Jüdin Julie Salinger leitete zwischen 1913
und 1931 den Rechtsschutzverein für Frauen und Mädchen in Dresden. Als
Mitgründerin des örtlichen DDP-Verbands zog sie in den Landtag ein. Sie
starb während des Zweiten Weltkriegs im Ghetto Theresienstadt. Anna Ge-
yer wurde 1919 für die USPD in den Landtag gewählt. Sie engagierte sich für
Frauenrechte, auch nach ihrem Parteiausschluss im Jahr 1921.

Im selben Jahr heiratete Alice Gerstel den vormaligen Reichstagsabgeordneten Otto Rühle. Sie veröffentlichte im Jahr vor der Machtübernahme
der Nationalsozialisten in Leipzig das Buch »Das Frauenproblem der Gegenwart – Eine psychologische Bilanz«. Ihr Ehemann Otto Rühle wiederum
glaubte an die proletarische Revolution. In diesem Zusammenhang dachte
er über das Ideal einer sozialistischen Kommune nach, die im Zeitalter des
Kapitalismus, dem von ihm so gesehenen individualistischen Zeitalter, die
Kleinfamilie zugunsten neuer Gemeinschaften ablösen sollte. Diese Kommunen sollten als »neue Gemeinschaft[en] schaffender, geistig und seelisch
verbundener Menschen, in deren Händen die Wirtschaft, die kulturelle Le-
bensgestaltung und die Erziehung des Nachwuchses liegt«,[38] funktionieren.

Radikalisierung und gesellschaftliche Polarisierung verhindern die Entfaltung der Demokratie

Bayern war seit dem Kapp-Putsch die Zentrale der antidemokratischen Rechten Deutschlands. Auch die Nationalsozialistische Deutsche Arbeiterpartei
(NSDAP) hat hier ihre Wurzeln. Sie radikalisierte den Antisemitismus pseu-
dowissenschaftlich, auch indem sie antisemitische Schriften von Sachsen
wie Martin Luther, Friedrich Nietzsche oder Richard Wagner publizierte
und instrumentalisierte. Die ersten Parteigänger der NSDAP in Sachsen waren noch direkt in München registriert worden. Grundlage des Erfolgs der
am 11. Oktober 1921 in Zwickau von Fritz Tittmann gegründeten ersten au-
ßerbayrischen NSDAP-Gruppe waren die in den Jahren 1918/19 entstandenen
völkischen Verbände. Am 18. November 1922 wurde die NSDAP in Sachsen
verboten. Nach dem Verbotsende der NSDAP gelangte im Jahr 1925 der Plauener Fabrikant Martin Mutschmann an ihre Spitze. Er war von Anfang an
ein treuer Gefolgsmann Adolf Hitlers. Dieser sagte am 23. Mai 1926 vor der
Generalmitgliederversammlung der NSDAP: »Es gab Gebiete, in denen wir
uns von vornherein durchzusetzen vermochten, vor allem in Sachsen. Dort

hat der Führer Mutschmann augenblicklich ganz Sachsen fest in die Hand genommen, geschlossen in die NSDAP hinübergeführt und mustergültig in der Hand behalten, so dass eine Gegenströmung nicht entstehen konnte.«[39]

Das soziale Unbehagen griff um sich. Viele machten die Sozialdemokraten für Inflation und weitere Misshelligkeiten verantwortlich, so dass die NSDAP sich als Partei inszenieren konnte, die nie Teil des »Systems von Versailles und Weimar« war und deshalb durchsetzungsstark sei. Wesentlicher Kern ihrer Argumentation war die Diskreditierung der Sozialdemokratie als Verräter der Arbeiterklasse. Aber auch der Hass der Bürgerlichen gegen die Kommunisten speiste sich aus diesen Quellen. Die Niederlage im Krieg, die Revolution, Sozialisierungen, Gewerkschaften und Konsumvereine führten in ihrer Propaganda zum Albtraum der Ära Zeigner, die für die Bürgerlichen zum Schlachtruf »Nie wieder ein Sowjetsachsen!« gerann. Die unterschiedlichen politischen Gruppen waren weder zu Kompromissen noch zu Dialogen bereit, geschweige denn in der Lage, sich gegenseitig mit Respekt zu behandeln. Formal war die Demokratie in Sachsen etabliert, sie war aber innerlich nur schwach bis gar nicht gefestigt.

SPD, DDP und Zentrum gründeten am 22. Februar 1924 in Magdeburg das überparteiliche »Reichsbanner«, um ihre Veranstaltungen gegen Übergriffe von links und rechts zu verteidigen. Da das Zentrum in Sachsen sehr schwach war und die DDP hier wenig linksliberale Elemente einbrachte, lag die Führung des sächsischen Reichsbanners, überwiegend in der Hand der SPD. Im Juli 1924 wurde der kommunistische »Rotfrontkämpferbund« in Halle gegründet, dessen Symbol die gehobene geballte Faust war. Auf der rechten Seite des politischen Spektrums waren Verbände wie der Wikingbund, der Stahlhelm, die Reichsflagge oder der Werwolf aktiv. Mit dem Rotfrontkämpferbund und dem Reichsbanner hatten sie gemein, dass sie in der Regel uniformiert und militant auftraten.

Die Konservativen und Völkischen unterhielten mit der »Arbeitsgemeinschaft der Vereinigten Vaterländischen Verbände« sowie den »Vereinigten Vaterländischen Verbänden Deutschlands« (VVVD) weitere Zusammenschlüsse. Im Mittelpunkt ihrer Tätigkeit sollte die Durchführung gemeinsamer Massenkundgebungen stehen. Diese hatten im beginnenden Zeitalter des Films Abzeichen und Fahnen als massenwirksame Symbole zunehmend abgelöst.

Im Jahr 1926 spaltete sich die sächsische Sozialdemokratie in einen gouvernementalen Flügel, der sich Alte Sozialdemokratische Partei (ASPS) nannte und in der deutschen Parteiengeschichte ein Unikum darstellt, sowie die nach links driftende fortbestehende SPD. Wilhelm Buck musste deshalb dem Parteilinken Hermann Fleißner an der Parteispitze weichen.

Bei den Landtagswahlen am 31. Oktober 1926 erhielt die Alte Sozialdemokratische Partei vier Mandate, die SPD 31. Die Kommunisten konnten die Zahl ihrer Mandate von zehn auf 14 ausbauen, während die NSDAP erstmals mit Hellmuth von Mücke und Fritz Tittmann in den Landtag einzog. Sechs bürgerliche Parteien und die linksnationalistische ASPS einigten sich auf eine Fortführung der Regierung Max Heldt, ehemals SPD, jetzt ASPS, um SPD und KPD von der Regierung fernzuhalten.

Die sächsische Wirtschaft kriselte ab dem Jahr 1928 aber immer stärker, viele Arbeiter verloren ihre Beschäftigung. Die Weltwirtschaftskrise des folgenden Jahres forcierte diese Entwicklung. Am 22. Juni 1930 zersplitterten die sächsischen Wähler den Landtag in elf Fraktionen. Der ersten Volkskammer des Jahres 1919 hatten noch fünf Parteien angehört. Die Dresdner Neueste Nachrichten titelten am folgenden Tag »Der Bankrott des Länderparlamentarismus«. Zwar wurde die SPD mit 32 Sitzen wieder stärkste Partei, ihr folgte aber mit 14 Mandaten die NSDAP. Noch vor ihrem reichsweiten Durchbruch bei den Reichstagswahlen vom Dezember hatte sie hier ihren bisher größten Wahlsieg in der Weimarer Republik errungen. Mit der Konservativen Volkspartei und dem Christlich-Sozialen Volksdienst saßen außerdem zwei gänzlich neue Parteien im Parlament. Durch die Vielzahl an Kleinstparteien kam keine regierungstragende Mehrheit zustande, so dass ein Expertenkabinett unter dem parteilosen Rechnungshofpräsidenten Walther Schieck bis wenige Wochen nach der Machtübernahme der Nationalsozialisten im Jahr 1933 Sachsen regieren sollte. Während bei den Reichstagswahlen im Juli 1932 die NSDAP reichsweit auf 37,3 Prozent kam, erhielt sie in Sachsen bereits 41,2 Prozent.

Der Mitteldeutsche Rundfunk (MIRAG) hatte im März 1924 zur Eröffnung der Leipziger Frühjahrsmesse seinen Sendebetrieb aufgenommen. Am Anfang der 1930er-Jahre verfügte etwa jeder vierte deutsche Haushalt über einen Radio-Empfänger. Von den rund 300 sächsischen Tageszeitungen, die Anfang der 1930er-Jahre erschienen, war etwa die Hälfte einer politischen Richtung verpflichtet. Während liberale Zeitungen in Sachsen nur wenig Absatz hatten, fanden 18 linksgerichtete Zeitungen überwiegend in den größeren Städten ihre Leser. Beiden stand eine Übermacht konservativ-nationalistischer Publikationen entgegen, die nicht nur in der Stadt, sondern auch auf dem Land erschienen und gelesen wurden. Unmittelbar nach der Revolution des Jahres 1918 sorgten sie für die Verbreitung der Dolchstoßlegende, forderten den Einmarsch der Reichswehr und die Absetzung der Zeigner-Regierung und warnten generell vor der marxistischen und sozialistischen Gefahr. Ausführlich wurden die politischen Aktivitäten der rechten Parteien und Bewegungen besprochen und gewürdigt. Der »Vogtländische Anzeiger und Tageblatt« forderte vor den Landtagswahlen im Mai 1929 eine: »[...] klare und geschlossene Front gegen die Wiederkehr der roten Klassenherrschaft in Sachsen [...] Wer diesen Gedanken trübt und die Fronten verwirrt, wer sich ihr entzieht, arbeitet mit am Siege der Sozialdemokratie und damit für den Rückfall in das Chaos der Zeigner-Ära, die Sachsen in ein politisches und wirtschaftliches Trümmerfeld verwandeln würde.«[40] Die sozialdemokratische Presse wiederum propagierte bis 1930 vor Wahlkämpfen: »Unser Ziel – ein rotes Sachsen! Das Ziel der sozialdemokratischen Politik ist der Sozialismus.«[41] Klarer konnten Fronten nicht sein.

Ende des Jahres 1929 wurde der 9. November als Revolutionsfeiertag abgeschafft. Während der antidemokratische Jungspartakusbund bereits 1927 verboten wurde, ging die Regierung nicht gegen die ebenso an Sachsens Schulen agierende Hitlerjugend vor. Die Staatspartei wurde Nachfolgerin der aufgelösten DDP sowie der Volksnationalen Reichsvereinigung. Vor dem Hintergrund der Sachsen treffenden Weltwirtschaftskrise spaltete sich die »Sozialistische Arbeiterpartei« (SAP) vom linken Flügel der SPD ab. Ihr gehörte der spätere sächsische Nachkriegsministerpräsident Max Seydewitz an.

Die NSDAP in München hatte mittlerweile in den rechten und konservativen Kreisen, vor allem gegenüber der DNVP und dem sächsischen Landvolk, nicht nur das Momentum genutzt, sondern die alleinige Lager-Führung an sich gerissen. Die bürgerlichen Parteien stützten derweil die Schieck-Regierung. KPD und NSDAP vermochten es im April 1932 nicht, die Regierung mit einem Volksentscheid zu stürzen und erreichten lediglich 36 Prozent Unterstützung aus dem Wahlvolk: Ein letztes demokratisches Aufbäumen.

Der Nationalsozialismus beendet
die Demokratie von Weimar

Die Machtübernahme zerstört erst die demokratischen Institutionen ...

Während Adolf Hitler sich im Jahr 1923 noch an die Macht putschen wollte, kam er zehn Jahre später legal an die Spitze der Regierung. Auf seine Ernennung zum Reichskanzler am 30. Januar 1933 folgten von SPD und Reichsbanner organisierte Demonstrationen in verschiedenen sächsischen Städten. Der sozialdemokratische »Vorwärts« wurde am 3. Februar verboten. Das NS-Regime erließ am 4. Februar Notverordnungen, mit denen die Grundrechte der Weimarer Verfassung aufgehoben wurden. Mit der »Verordnung zum Schutz von Volk und Staat« setzte der Reichspräsident am 28. Februar, dem Tag nach dem Reichstagsbrand, die Grundrechte vollständig außer Kraft. Auf der Grundlage dieser Verordnung wurde kurze Zeit später auch die sächsische Regierung unter Walther Schieck entlassen und SA-Obergruppenführer Manfred von Killinger zum Reichsbeauftragten für Ordnung und Sicherheit in Sachsen ernannt. Faktisch wurde die Weimarer Verfassung außer Kraft gesetzt, obwohl sie bis zum Ende des Zweiten Weltkrieges formell nie beseitigt wurde. In der Nacht nach der Reichstagswahl vom 5. März hisste in Chemnitz die Marine-SA auf dem Balkon des Rathauses die Hakenkreuzfahne. In vielen sächsischen Städten besetzte die SA am 9. März öffentliche Gebäude und vertrieb Beamte mit demokratischer Gesinnung aus ihren Ämtern.

Zwei Tage nach dem »Tag von Potsdam« am 21. März 1933, wo die neu gewählten Reichstagsabgeordneten (ohne die der KPD und SPD), die Reichsregierung und Reichspräsident Paul von Hindenburg, begleitet von geladenen Gästen, symbolisch die neue Sitzungsperiode eröffneten, beschloss der Reichstag, das Ermächtigungsgesetz, mit dem die Reichsregierung ohne Zustimmung des Parlaments oder Reichspräsidenten Gesetze erlassen konnte. Nur die sozialdemokratische Fraktion stimmte dagegen. Hitlers Regierung war trotzdem mit Mehrheit auf legalem Wege etabliert. Am selben Tag erklärte Adolf Hitler, dass seine nationale Regierung in den beiden christlichen Konfessionen die »wichtigsten Faktoren zur Erhaltung unseres Volkstums« sehe. Die evangelische Kirche spaltete sich in die nationalsozialistischen Deutschen Christen und die Bekennende Kirche. Durch das »Vorläufige Gesetz zur Gleichschaltung der Länder mit dem Reich« konnten Landesregierungen Gesetze ohne Zustimmung der Parlamente erlassen. Gleichzeitig wurden die Landtage aufgelöst und entsprechend dem Ergebnis der Reichstagswahl vom 5. März 1933 sowie ohne Kommunisten neu gebildet. Der Föderalismus war beseitigt. Auf Grundlage des am 7. April beschlossenen zweiten Gesetzes zur Gleichschaltung wurden Reichsstatthalter eingeführt. Am 5. Mai wurde Sachsen so dem NSDAP-Reichsstatthalter Martin Mutschmann unterstellt.

Noch im Frühjahr des Jahres 1933 wurde das Reichsministerium für Volksaufklärung und Propaganda unter Leitung von NSDAP-Reichspropagandaleiter Joseph Goebbels zur einzigen und letzten Instanz in Fragen der zentralen Medienlenkung. Landesstellen der Behörde wurden im Juli 1933 eingerichtet. Am Ministerpräsidenten vorbei ernannte Goebbels den seit Februar 1932 für die Parteipropaganda der Dresdner NSDAP-Ortsgruppe verantwortlichen Heinrich Salzmann zum Landesleiter des Reichspropagandaministeriums.

Zwei Monate nach dem Reichstag beschloss der Landtag das sächsische Ermächtigungsgesetz. Am 70. Jahrestag der Gründung des ADAV in Leipzig, dem 23. Mai 1933, stimmten auch diesmal nur sozialdemokratische Abgeordnete dagegen. Die politische Polizei in Chemnitz befahl am 9. Juni dem Annaberger Polizeiamt die Auflösung bürgerlicher und marxistischer Vereine wie Arbeiter-Turnverein »Vater Jahn«, »Sozialdemokratische Frauengruppe« oder »Internationaler Bund der Opfer des Krieges«. Die SPD wurde am 22. Juni 1933 reichsweit verboten, alle Mandate der SPD erloschen. SPD-Mitglieder wurden verfolgt, verhaftet und ermordet. Illegal arbeiteten Sozialdemokraten weiter gegen den Nationalsozialismus. Die konservativen und liberalen Parteien kamen der Auflösung zuvor und beendeten ihre Existenz selbst. Zum letzten Mal trat der Landtag am 22. August 1933 zusammen. Anfang des Jahres 1934 wurde im Vollzug des Gesetzes über den Neuaufbau des Reiches der Landtag aufgelöst und die Landesregierung weitgehend der Reichsregierung unterstellt. Sachsen war nun staatsrechtlich inexistent.

Im Deutschen Reich war innerhalb weniger Monate eine weitgehende Gewalteneinheit hergestellt. Als Verwaltungseinheit blieb Sachsen bestehen, seine demokratischen Körperschaften waren hinweggefegt worden. Das Recht der Volksgemeinschaft brach fortan das Recht des Einzelnen. Trotzdem fühlten sich viele Sachsen von der NSDAP angezogen, auch weil sie in ihr die sonst verwehrte Chance zur politischen Partizipation sahen.

... dann Minderheiten und politische Gegner

Der Nationalsozialismus vernichtete nicht nur sämtliche demokratischen Institutionen wie Parlamente, Parteien oder Verfassungen. Er kehrte die Entwicklung in ihr vollständiges Gegenteil wie Folter, Konzentrationslager, Angriffskriege und den Holocaust um. Erst vernichtete er die Institutionen, dann die Menschen.

Die von den Nationalsozialisten propagierte und durchgesetzte Idee der Volksgemeinschaft versuchte im Gegensatz zur Demokratie nicht eine gesamte Gemeinschaft zu integrieren, sondern durch Exklusion von Minderheiten wie Juden, Homosexuellen, Zigeunern oder ideologischen Gegnern wie Sozialdemokraten diese auf einen ethnisch reinen, »schicksalhaft verbundenen« und klassenlosen volksgemeinschaftlichen Kern zu reduzieren. Dies geschah durch Gewalt gegenüber diesen Minderheiten und Gegnern. Aus der relativ liberalen Gesellschaft der Weimarer Republik wurde eine aggressive, rassistische und gewalttätige Volksgemeinschaft, die sich nach und nach fast aller Standards der Zivilisation entledigte.

Mit dem Gesetz zur Verhütung erbkranken Nachwuchses vom 14. Juli 1933 wurde die Ausgrenzung, Sterilisation und Vernichtung Behinderter und psychisch kranker Menschen zum Gesetz. In Pirna-Sonnenstein fanden Tausende behinderte Menschen im Rahmen von Euthanasie-Maßnahmen den Tod. Im Landkreis Rochlitz mussten neben sogenannten »Zigeunermischlingen« auch Kinder aus kommunistischen Elternhäusern Sterilisationen über sich ergehen lassen. Alle in Leipzig lebenden Sinti und Roma wurden Mitte der 1930er-Jahre in Lager verschleppt und überwiegend im KZ Auschwitz umgebracht. Ab 1933 sperrten die Nationalsozialisten ihre politischen Gegner in Sachsen in die Zuchthäuser Bautzen und Waldheim sowie ins Militärgefängnis Torgau ein. Homosexuelle Männer wurden ab 1934 in das KZ Lichtenburg in der preußischen Provinz gebracht. Weitere Konzentrationslager entstanden auf Burg Hohnstein, der Festung Königstein und der Festung Colditz. Vor allem aber: Der Antisemitismus war nicht mehr nur Anliegen von konservativen Vereinen oder Parteien, sondern ideologische Grundlage des Regierungshandelns, die Vernichtung aller Juden Regierungsziel. Im September des Jahres 1933 starb der langjährige Kopf des sächsischen Antisemitismus, Theodor Fritsch. Von den Nationalsozialisten als »Vorkämpfer des Antisemitismus« verehrt, fanden sich zu seiner Trauerfeier neben NSDAP-Gauleiter Mutschmann auch Reichsinnenminister Wilhelm Frick und andere Systemträger ein.

Widerstand ist vielfältig, ziviler Ungehorsam weit verbreitet

Inwieweit die Sachsen, die sich aktiv gegen den Nationalsozialismus auflehnten, dabei tatsächlich demokratische Ziele verfolgten, ist weitgehend unerforscht. Gut dokumentiert wiederum ist das Bemühen vieler sächsischer Bürger, sich durch Haltung, Verweigerung und manchmal auch Widerstand dem Nationalsozialismus entgegenzustellen. Dresdens Oberbürgermeister, Wilhelm Külz von der Deutschen Staatspartei, protestierte im Februar 1933 bei Reichspräsident Paul von Hindenburg gegen den Terror der Nationalsozialisten und ließ antidemokratische Wahlplakate der NSDAP im Stadtgebiet abhängen.

Die Chemnitzerin Marie Pleißner arbeitete, nachdem sämtliche Frauenorganisationen von den Nationalsozialisten aufgelöst wurden, als Lehrerin, bevor sie 1934 aus dem Schuldienst entlassen worden war. Anschließend unterrichtete sie privat jüdische Kinder und half bedrängten Juden. Esther von Kirchbach, schon während der Weimarer Republik in der protestantisch inspirierten Frauenarbeit hervorgetreten, engagierte sich gegen die NS-Gleichschaltungspolitik. Sie betreute im Rahmen der Bekennenden Kirche in Dresden die Pfarrfrauen, war 1934 Delegierte beim Internationalen Frauenkongress in Budapest und wurde nach Kriegsende als einzige Frau in den Beirat des sächsischen Landeskirchenamtes berufen.

Dem jüdischen Chemnitzer Bürgertum entstammten mit Stefan Heym und Stephan Hermlin zwei aufstrebende Schriftsteller, die in der Emigration gegen den Hitlerfaschismus agierten. Der jüdische Romanistik-Professor Victor Klemperer aus Dresden wurde im April 1935 mit der persönlichen Unterschrift Mutschmanns in den Ruhestand versetzt. Er führte ein Tagebuch, auf dessen Grundlage er im Jahr 1947 sein Werk über die Sprache des Dritten Reiches »LTI« (Lingua Tertii Imperii) veröffentlichte. Er zeigte darin, wie wichtig stabile demokratische Institutionen sind, um zu verhindern, dass liberale Demokratien in Terrorregime abgleiten.

Der Leipziger Philosoph Theodor Litt wandte sich gegen die Prädeterminiertheit des Menschen und die rassisch bedingte Suche nach einem mythischen Urgrund des Volkes. Die Rassenlehre der Nationalsozialisten bedeutete für ihn eine Negation der Freiheit und Würde des Menschen. Litts Professoren-Kollege an der Universität Leipzig, der im Mai 1933 der NSDAP beigetretene Soziologe Arnold Gehlen, war zwar kein Widerständler, schuf aber vor dem Hintergrund des »Mängelwesens Mensch« eine eigene Institutionentheorie, die über die Institutionenbedürftigkeit des Menschen auch in die Demokratietheorie hineinwirkt.

Carl Friedrich Goerdeler, von 1930 bis 1937 Oberbürgermeister in Leipzig, bildete um sich eine Widerstandsgruppe, die mit andern kooperierte, wofür er nach dem Attentat auf Adolf Hitler vom 20. Juli 1944 hingerichtet wurde. Der in Dresden geborene und später auch beerdigte Hans Paul Oster verriet während des Zweiten Weltkriegs mehrmals den immer wieder verschobenen Angriffstermin auf Frankreich, Belgien und die Niederlande an einen befreundeten niederländischen Militär. Im Zusammenhang mit dem Attentat auf Hitler verhaftet, gilt er heute als bedeutender Widerstandskämpfer gegen das NS-Regime. Sein Verhalten aber führte nach dem Ende des Zweiten Weltkriegs zu Diskussionen über das Verhältnis von Widerstandsrecht und Landesverrat.

Es ist nicht erforscht, wie viele Sachsen – wie die HJ-Jungs verprügelnden »Leipziger Horden« – während der NS-Zeit die deutschsprachigen Nachrichten der »BBC«, »Stimme Amerikas« oder auch »Radio Moskau« hörten. Der später den Nationalsozialismus erforschende Historiker Martin Broszat aber erlebte als 18-jähriger Soldat die Nacht vom 8. auf den 9. Mai 1945 bei Johanngeorgenstadt im westlichen Erzgebirge. Im Nebenraum einer Gaststätte hörten er und seine Kameraden gegen Mitternacht aus dem Mund des englischen Königs, und von der BBC verbreitet, die Bestätigung des schon lange kursierenden Gerüchts von der Kapitulation der deutschen Wehrmacht und dem Ende des Krieges.[42] Die vollständige Niederlage Deutschlands auf eigenem Boden verhinderte die Wiederauflage einer Dolchstoßlegende. Bereits zuvor inhaftierte und getötete Sozialdemokraten oder Juden konnten unmöglich an der Niederlage schuld sein – denn Deutschland als Ganzes hatte den Krieg gewollt, in der halben Welt geführt und vollkommen isoliert verloren.

Weder Demokratie noch Rechtsstaat:
Die DDR

Die Etablierung der Diktatur schließt unmittelbar an das NS-Regime an

Nach Kriegsende war Sachsen zu großen Teilen zerstört und mit Menschen überfüllt. Neben der sächsischen Bevölkerung waren etwa zweieinhalb Millionen Evakuierte und Vertriebene, rund anderthalb Millionen sowjetische Soldaten plus anderthalb Millionen ehemalige Kriegsgefangene und Zwangsarbeiter unterzubringen und zu ernähren.

Durch die Erklärung der vier Siegermächte vom 5. Juni 1945 wurde den Sachsen klar, dass sie zukünftig zur sowjetischen Besatzungszone gehören würden. In den folgenden Wochen verließen amerikanische Truppen die von ihnen befreiten sächsischen Regionen, so dass ab Anfang Juli 1945 die sowjetische Rote Armee volle Gewalt über Sachsen ausübte. Die nach dem Krieg für sechs Wochen weder von den Amerikanern noch der Sowjetunion besetzte Region Schwarzenberg beschrieb Stefan Heym im Jahr 1984 in seinem Roman »Schwarzenberg« fiktiv als ein sozialistisches und demokratisches Deutschland.

Politisch sollte in den kommenden Jahrzehnten das Gesellschafts-, Herrschafts- und Wirtschaftssystem der Sowjetunion in der gesamten sowjetischen Besatzungszone installiert werden. Ein Mitglied der Freien Deutschen Jugend (FDJ) sagte später: »Wir sprechen so viel über demokratische Freiheit, aber in Wahrheit gibt es so etwas gar nicht. All die demokratischen ›neuen Formen‹, die wir einführen, sind nur ein genaues Abbild aller Formen des Staatsaufbaus der Sowjetunion.«[43] Der Sieg der Alliierten führte wegen der nationalsozialistischen Vergangenheit und noch laufenden Entnazifizierung der deutschen Bevölkerung zu einer »historischen Legitimation« der Herrschaft in der sowjetischen Besatzungszone. Eine demokratische Legitimation erhielt sie nie. Die Macht der von der Sowjetischen Militäradministration (SMAD) instrumentalisierten und protegierten KPD und später SED stützte sich nicht auf die Mehrheit in der Gesellschaft, sondern auf die militärische Macht der Sowjetunion.

Das von den alliierten Siegermächten am 2. August 1945 verabschiedete Potsdamer Protokoll sah für alle Besatzungszonen einen Wiederaufbau auf demokratischer Basis vor. Außerdem verfügten die Besatzungsmächte, dass die »Verbreitung antidemokratischer Ideen und eine Berichterstattung, die eine feindliche Gesinnung gegenüber den Besatzungsmächten zum Ausdruck brachte« verboten sei. Zwischen 1946 und 1952 erstellte die Deutsche Bücherei in Leipzig auf Anweisung der Sowjetischen Militäradministration in Deutschland (SMAD) eine Liste auszusondernder Literatur. Daneben führte sie, zu Ausschließungszwecken, eine zweite Liste mit politischer Literatur, die »antidemokratischen Charakter« hatte und Ende des Jahres 1989 etwa 100.000 Bände umfasste. Die ideologische und praktische Systemgrenze war in dieser Auflistung vorgezeichnet.

Auch das Gerichtswesen sollte laut Potsdamer Protokoll, demokratischen Grundsätzen und der Gesetzlichkeit entsprechend, neu organisiert werden. Am 4. September 1945 ordnete die SMAD deshalb mit ihrem Befehl 49 die Entlassung sämtlicher NSDAP-Mitglieder aus dem Justizdienst an. Von 901 Richtern betraf dies in Sachsen 721 und von 123 Staatsanwälten 98. Insgesamt verloren in Sachsen 4.636 Justizmitarbeiter aus diesen Gründen ihre Anstellung.[44] Schnell ausgebildete und vor allem SED-freundliche Volksrichter übernahmen leitende Funktionen. Nicht nur in der Justiz, sondern auch an fast allen anderen Schaltstellen der Macht, waren früher oder später SED-Mitglieder zu finden.

In Städten und Gemeinden bildeten sich nach Kriegsende »Antifaschistische Ausschüsse«, durch die auch Sozialdemokraten sowie Bürgerliche in die neuen Verwaltungen einrückten. Am 4. Juli 1945 wurde eine Landesverwaltung unter dem SPD-Mitglied Rudolf Friedrichs eingesetzt, dem der kommunistische Innenminister Kurt Fischer zur Seite stand. Anlässlich der Einweisung der Landesverwaltung am 18. Juli sagte Friedrichs, dass das »neue Leben« nach der Diktatur zum verantwortlichen Mitwirken in der Gemeinschaft berufe und verpflichte. Wahrhafte Demokratie würde sogar selbstverantwortliche Mitarbeit verlangen. Sie würde ihre Kraft aus der schöpferischen Entfaltung jedes Einzelnen beziehen. Friedrichs genoss noch später als SED-Mitglied hohe Achtung bei der sächsischen Bevölkerung. Er war ein um Gerechtigkeit bemühter Demokrat, der aber demokratische Regeln in den enger werdenden Verhältnissen immer weniger befolgen konnte. Nach seinem Tod wählte der Sächsische Landtag im Juli 1947 Max Seydewitz zu seinem Nachfolger. Erich Zeigner, der 1923 kommunistische Vertreter in die sächsische Regierung geholt hatte, wurde außerdem erster SED-Oberbürgermeister Leipzigs.

Unbeliebt machte sich Innenminister Fischer. Das kommunistisch geführte Landesnachrichtenamt propagierte über seine nachgeordneten Medien die Absichten der immer zentralistischeren Politik. Ab 1947 in Abteilung für Information umbenannt, übernahm das Amt zusätzlich Überwachungsfunktionen.[45] Im selben Jahr wurde von der Polizei eine Arbeitsgruppe zur »Bekämpfung antidemokratischer Tätigkeit« eingerichtet.[46] Die »antifaschistisch-demokratische Umwälzung« wurde zur »antidemokratischen Revolution«.

Der von den Machthabern angestrebte »demokratische Zentralismus« stand Volkssouveränität, Parteienwettbewerb und Pluralismus entgegen. Die unmittelbar nach Kriegsende gegründeten »Antifaschistischen Ausschüsse« wandelten sich nach der Zulassung von Parteien noch im Sommer des Jahres 1945 in »Demokratische Blöcke« um, denen Mitglieder von KPD, SPD, CDU und LDPD angehörten.

Elemente der nationalsozialistischen Ideologie, wie Ausgrenzung von Minderheiten oder das Herausarbeiten und Pflegen ideologischer Feindbilder, setzten sich in den westdeutschen wie auch der sowjetischen Besatzungszone fort. Die junge DDR, die das Wort »Demokratisch« im Gegensatz zur Bundesrepublik im Namen führte, benutzte in den ersten beiden Jahrzehnten ihres Bestehens den Begriff Demokratie beziehungsweise demokratisch inflationär oft. Viele Gesetze und Maßnahmen wurden mit diesen Attributen versehen. SED-Chef Walter Ulbricht aus Leipzig sagte auf einer Tagung des Zentralkomitees der SED im Jahr 1961: »Wir haben die Volkssouveränität, die Demokratie [...] gleich nach der Befreiung zur zentralen Frage des deutschen Staatsaufbaues erhoben.«[47] Das war gelogen. In der DDR gab es im Gegensatz zu Westdeutschland ein Ideologiemonopol. Auch dieses begünstigte die Politisierung sämtlicher Lebensbereiche.

Parteien bilden einen »demokratischen Block«, anstatt zu konkurrieren

Dieses Monopol hatte die SED im Gegensatz zu ihrer Vorgängerin, der KPD, nun in der Hand. Die KPD-Führung setzte am 12. Juni 1945 Hermann Matern als Politischen Sekretär der KPD-Bezirksleitung Sachsen ein. Bereits am folgenden Tag fand in Dresden die erste KPD-Konferenz zusammen. Die Partei wuchs anschließend zu einem Tausende Mitglieder umfassenden Kaderorgan. Vor einer KPD-Schulungsveranstaltung in Chemnitz sagte Hermann Matern später, dass in der »Diktatur des Proletariats« die Mehrheit über die Minderheit herrsche, was Demokratie sei. Vor SED-Kreissekretären erklärte Matern Ende September 1945 darüber hinaus: »Die Polizei muss jedoch in ihrem gesamten Aufbau von oben bis unten eine absolut zuverlässige Einrichtung des neu werdenden Staates sein, fest im antifaschistisch-demokratischen Geist.«[48] Auf einer jährlich in Leipzig tagenden gesamtdeutschen Arbeiterkonferenz führte Matern im März 1958 bilanzierend aus: »Die Staatsmacht in den Händen zu haben, das ist eine große Sache. [...] Wir denken nie daran, die Arbeiter- und Bauernmacht wieder aufzugeben. Bei uns lassen wir nicht zu, dass jemand bei den Wahlen kandidiert, der den Kapitalismus wieder aufbauen will. [...] Deshalb gibt es auch keine Opposition nach bürgerlichen Vorstellungen.«[49]

Diese ursprünglich noch oppositionellen bürgerlichen Parteien gründeten sich im Sommer 1945. Bereits zuvor, am 26. Juni, gründete sich in Dresden um den zwei Monate zuvor aus dem Gefängnis Brandenburg-Görden befreiten Otto Buchwitz die sächsische SPD. Auf SBZ-Ebene verhandelten die KPD- und SPD-Führung bald unter dem Druck der sowjetischen Besatzungsmacht über die Vereinigung beider Arbeiterparteien zu einer Einheitspartei. Diese wurde im April 1946 vollzogen, aus beiden Parteien wurde die SED, die Kommunisten gaben in ihr den Ton an. In Sachsen war Otto Buchwitz im Gegensatz zu vielen seiner SPD-Parteigenossen kein Gegner dieser Zwangsvereinigung.

Eine Woche nach der SPD wurde in Dresden im Sommer 1945 von Hermann Kastner und Johannes Diekmann die Demokratische Partei gegründet, aus der später die Liberal-Demokratische Partei Deutschlands (LDPD) wurde. Nach Ende des Krieges war Marie Pleißner in Chemnitz wieder als Lehrerin tätig. Mittlerweile der LDPD angehörig, wurde sie im Herbst 1946 Abgeordnete des sächsischen Landtags, nahm im März 1947 am ersten Friedenskongress der Frauen teil und begründete mit anderen den Demokratischen Frauenbund Deutschlands (DFD).

Am 21. Juli 1945 wurde in Dresden außerdem die Christlich Soziale Volkspartei mit ihrem Gründungsvorsitzenden Hugo Hickmann ins Leben gerufen. Einen Monat später benannte sie sich in Christlich Demokratische Union Deutschlands (CDU) um. Diese CDU entstand zuvor in Berlin auf der Basis christlicher, liberaler, gewerkschaftlicher, konservativer und sozialistischer Traditionen. Primär wollten die Gründer die konfessionelle Spaltung der Deutschen Parteienlandschaft wie auch den Nationalsozialismus als politisches System überwinden. Im Gründungsaufruf vom 26. Juni 1945 orientierten sich die Unterzeichner an einer vom Christentum geleiteten politischen Haltung, die einer konservativ-demokratisch gesinnten Bevölkerung politisch Heimat bieten wollte.

Im Jahr 1948 wurden von der SED und der Sowjetischen Militäradministration (SMAD) in Konkurrenz zu den bürgerlichen Parteien die National-Demokratische Partei Deutschlands (NDPD) und die Demokratische Bauernpartei Deutschlands (DBD) gegründet. Der NDPD gehörte in Sachsen Benjamin Dietrich an, seit 1930 NSDAP-Mitglied und Mitgründer der NS-Zeitung »Freiheitskampf«, bevor er ab 1952 Chefredakteur der NDPD-Zeitung »Sächsische Neueste Nachrichten« wurde.

Die Anpassung bürgerlicher Schichten an die sozialistische Doktrin plante die KPD bereits im April 1944 im Moskauer Exil. Ihre Taktik sollte bürgerliche und andere politische Kräfte durch »Entlarvung« und Repression zur Assimilierung drängen. Tatsächlich wurde mit der Blockpolitik das demokratische Mehrheitsprinzip endgültig abgeschafft. Im Block waren alle Parteien unter der Herrschaft der SED zur Volksherrschaft zwangsvereint, die eine Einparteienherrschaft war und zukünftig versuchte, die Zustimmung zur Diktatur mit der Gewährleistung sozialer Sicherheit zu erkaufen.

Mit sozialer Sicherheit und Menschenwürde konnten von der SED bekämpfte Gruppen aber nicht rechnen. Mit der Wiederbelebung des im 19. Jahrhundert geprägten Junkerbegriffs wurden Großgrundbesitzer – und unter ihnen vor allem die Adeligen – öffentlich ausgegrenzt. Sie standen nun stellvertretend für das Böse in der deutschen Geschichte. Der eliminatorische Antisemitismus der Nationalsozialisten war in Hass auf eine andere Gruppe umgeprägt worden. Josef Matzerath schreibt, dass der sächsische Adel in die Westzonen floh, auch weil die Projektionsfläche seiner ehemaligen Bedeutung, Sachsen, weggefallen war. Immerhin kam es in den 1980er-Jahren auch in der DDR zur adelslastigen »Sachsenrenaissance«, die in der Fernsehserie »Sachsens Glanz und Preußens Gloria« und dem Wettin-Jubiläum des Jahres 1989 gipfelte.

Anfang September 1945 folgte die Bodenreform, die keine Bewegung von unten, sondern eine von der Besatzungsmacht durchgesetzte Zwangsmaß-nahme war. Von dieser Enteignung sämtlicher landwirtschaftlicher Nutz-flächen über 100 Hektar blieben kirchliche Güter weitgehend unberührt. Wenige Wochen nach der Bodenreform wurden auch die Verfügungen zur Beschlagnahmung von Wohnraum verschärft. Der erste Vizepräsident der Landesverwaltung, Kurt Fischer ordnete am 24. Oktober 1945 an, dass nun auch die Möbel einfacher ehemaliger NSDAP-Mitglieder zu erfassen seien, die in den Besitz von Staatsangestellten oder Parteifunktionären übergehen sollten.

Gleichzeitig lief die Reparationswelle, das Verbringen von Industriein-frastruktur und anderen Produktionsgütern in die Sowjetunion an. Am 14. Februar 1946 schlug Hermann Matern auf einer weiteren Konferenz der KPD-Sekretäre Sachsens als Bestrafung für Kriegsverbrecher und National-sozialisten deren vollständige Enteignung, das heißt, vor allem ihrer Be-triebe vor. Per Volksentscheid wurde dieser Vorschlag am 30. Juni 1946 ange-nommen. Die demokratische Praxis der Weimarer Republik, laut der einem Volksentscheid ein Volksbegehren vorausgehen sollte, umging die Landes-verwaltung mit einer »Verordnung über Volksbegehren und Volksentscheid« vom 4. April 1946. Es war die erste direktdemokratische Abstimmung im Nachkriegsdeutschland und für die Sachsen die erste von nur noch wenigen Gelegenheiten zu direkter politischer Partizipation nach dem Kriegsende.

Nach den Landtags- und Kommunalwahlen des Herbstes 1946, bei denen die bürgerlichen Parteien in Leipzig und Dresden gemeinsam die Mehrheit erhalten hatten, sie aber aufgrund von Eingriffen der sowjetischen Militär-administration nicht nutzen konnten, erlebte Sachsen vorübergehend eine rumpfdemokratische Periode. Die SED zog aber immer entschiedener die Macht an sich, der Übergang zur DDR-Diktatur war bereits vorher eingelei-tet. Mit Walter Ulbricht, Otto Nuschke und Wilhelm Külz stammten drei der entscheidenden Parteifunktionäre der sowjetischen Besatzungszone dieser Zeit aus Sachsen.

Landesverfassung und DDR-Verfassung werden in Konkurrenz zum Grundgesetz entworfen

Ein Verfassungsausschuss begann im Winter des Jahres 1946/47 in Sachsen seine Arbeit. Die SED nahm Maß an der sowjetischen Verfassung Stalins von 1936. Kurt Fischer sorgte im Verfassungsausschuss für die Verhinderung von verfassungsrechtlich fixierter Gewaltenteilung. Während die bürgerlichen Parteien die Dreiteilung von Legislative, Exekutive und Judikative anstrebten, verwies die SED auf die undemokratische Praxis der Richterschaft während der Weimarer Republik. Deshalb forderte sie den Landtag als höchstes Verfassungsorgan, dem auch die Gerichte und die Rechtsprechung nachgeordnet sein sollten. Die SED setzte sich durch, so dass in Artikel 26 Absatz 1 der Landesverfassung der sächsische Landtag zum höchsten demokratischen Organ im Land bestimmt wurde, dem die Gesetzgebung oblag und gleichzeitig die oberste Kontrollgewalt über alle Regierungsmaßnahmen wie auch die gesamte Verwaltung und Rechtsprechung zufiel. Der Staatsorganisationsteil fiel darüber hinaus noch weitgehend demokratisch aus. Zwischen der SED und den beiden bürgerlichen Parteien CDU und LDPD war von Anfang an auch die Aufnahme eines Grundrechtskatalogs in die Landesverfassung strittig, was die SED dazu nutzte, neue soziale Grundrechte einzuführen. Großen Einfluss auf die Niederschrift der Landesverfassung gewann die hessische Landesverfassung von 1946. Wie in der hessischen Verfassung gab es auch hier einen Sozialisierungsartikel. Die am 28. Februar 1947 vom sächsischen Landtag beschlossene Landesverfassung legte bereits planwirtschaftliche Elemente und die Gewalteneinheit fest. Diese Gewalteneinheit entsprang der marxistisch-leninistischen Staatstheorie, laut der jegliche Gewaltenbeschränkung im Widerspruch zur Volkssouveränität stand. Die »Einheit aller Staatsorgane« wurde später zum Prinzip. Letztendlich wurden die sozialen und ökonomischen Umbauten der Nachkriegsära in der neuen Verfassung festgeschrieben.

Karl Polak, seit Frühjahr 1949 Juraprofessor in Leipzig, gehörte in führender Funktion der Arbeitsgruppe zur Erstellung der ersten DDR-Verfassung an. Für ihn war Montesquieus Gewaltenteilungsforderung zur Begrenzung der Herrschermacht »von großer revolutionierender Bedeutung, ein gewaltiger Schritt vorwärts im Freiheitskampf des Volkes gegen den Staat«. Polak schränkte aber ein: »Für Montesquieu gibt es keine unmittelbare Volksherrschaft, sondern nur eine Einflußnahme des Volkes auf den Staatsapparat mit Hilfe der Gesetzgebung«, kurz, »ein durch das Parlament beschränktes Königtum«.[50] Das zentrale staatsrechtliche Ordnungsprinzip des Verfassungsentwurfs war letztendlich die Volkssouveränität mit ihrer Ablehnung der Gewaltenteilung. In der Verfassung der DDR vom Oktober 1949 war die Gleichberechtigung der Geschlechter verbrieft, die aber immer wieder neue realisiert werden musste. Trotzdem war die DDR kein Verfassungsstaat.

Wegen der Wahlerfolge bürgerlicher Parteien wurden außerdem unter Bruch des Wahlrechts die für die Jahre 1948 und 1949 geplanten Gemeinde-, Kreis- und Landtagswahlen immer wieder auf unbestimmte Zeit verschoben. Am 23. Januar 1950 stürmten von der SED gesteuerte Gruppen die Landesgeschäftsstelle der CDU in Dresden und erzwangen den Rücktritt des sächsischen CDU-Landesvorsitzenden Hugo Hickmann, den er wenige Tage später erklärte. Durch das Gesetz über die Änderung der Kreis- und Gemeindegrenzen vom 27. April 1950 wurden mit der Begründung, dass die Demokratie in der DDR eine höhere Ordnung erreicht hätte, die Kreis- und Gemeindegrenzen in Sachsen neu bestimmt. Im Oktober 1950 wurde erstmals und dann bis 1989 ausschließlich nach vorher festgelegten Einheitslisten undemokratisch gewählt.

Die zweite Parteikonferenz der SED beschloss im Juli des Jahres 1952 in Berlin die planmäßige Schaffung der Grundlagen des Sozialismus, was auch die Auflösung der Länder und die Einführung von Bezirken zur Folge hatte. Der »demokratische Zentralismus« war vollendet. Im Jahr 1953 wurden Chemnitz in Karl-Marx-Stadt und die Leipziger Universität in »Karl-Marx-Universität« umbenannt. Der Arbeiteraufstand vom 17. Juni 1953 begann bereits am 15. Juni in Johanngeorgenstadt, wo aufgebrachte Bürger gegen den Abriss der Altstadt demonstrierten. Vor allem wegen der Nähe zur innerdeutschen Grenze und der »Wismut«, die Uran für die Sowjetunion abbaute, wurden die Proteste umgehend mithilfe der Roten Armee niedergeschlagen. Der kurz darauf folgende Aufstand des 17. Juni 1953 wurde von offizieller Seite mit »antidemokratischen Umtrieben« umschrieben.

Der Prager Frühling und die neue DDR-Verfassung beenden alle Illusionen

Im September des Jahres 1962 entwickelte der oppositionelle Professor Robert Havemann in einer programmatischen Rede in Leipzig eine Theorie, laut der ein Sozialismus ohne Demokratie nicht zu realisieren sei. Ende Januar 1968, knapp einen Monat nachdem der ähnliche Visionen wie Havemann verfolgende Alexander Dubček in der ČSSR zum ersten Sekretär der Kommunistischen Partei gewählt worden war, begann in der DDR die Diskussion um eine neue Verfassung. Der größte Teil der Eingaben zum Verfassungsentwurf des Jahres 1968 kam aus dem kirchlichen Bereich. Und tatsächlich wurden Vorschläge wie die »Unabhängigkeit vom religiösen Bekenntnis« bei der Gleichberechtigung der Bürger in den zweiten Verfassungsentwurf vom 26. März 1968 eingefügt.

Die Debatte war flankiert von den innenpolitischen Reformen Dubčeks in der ČSSR, so dass Walter Ulbricht auf ein Treffen der Vertreter der kommunistischen Parteien der UdSSR, Polens, der DDR, Ungarns, Bulgariens sowie der Tschechoslowakei am 23. März in Dresden drängte. Die Ablehnung des „Prager Frühlings" durch die Bruderparteien sollten in unmittelbarer Nähe zur tschechoslowakischen Grenze demonstriert werden. Trotz deutlicher Worte beschloss die KP der ČSSR am 5. April ein Aktionsprogramm, das sowohl die Demokratisierung von Gesellschaft und Wirtschaft als auch die Abschaffung des Führungsanspruchs der Kommunistischen Partei enthielt. Ulbricht brach auch wegen der Wirkung dieser Maßnahmen die öffentliche Diskussion über den Verfassungsentwurf ab und ließ einen Volksentscheid durchführen.

Ähnliche Varianten und liberale Spielarten der kommunistischen Ideologie sollten in den noch folgenden gut zwei Jahrzehnten des Ostblocks zumindest einige Debatten bestimmen. Ob die Praxisphilosophie der jugoslawischen Kommunisten, der Eurokommunismus oder die Charta 77: Sie alle wirkten kaum liberalisierend auf die lebensweltliche Praxis der sächsischen Bevölkerung. Dies änderte sich erst im Jahr 1985 mit dem Machtantritt Michail Gorbatschows in der Sowjetunion und seiner Politik von Perestroika und Glasnost.

Eine demokratische Säule existiert, denn Westmedien sind auch in der DDR die vierte Gewalt

Westdeutsche - aber auch andere westeuropäische - Medien waren die stärkste demokratische Gegenöffentlichkeit in der DDR. Die SED bekämpfte sie von Anfang an. Bis Ende der 1960er-Jahre wurde die Rezeption solcher Medien teilweise bestraft. Mit Beginn des Studienjahres 1952/53 wurde beispielsweise die Studentenschaft Leipzigs nach »Anti-Demokraten« und

»RIAS-Hörern« durchsucht. Alle als solche identifizierten Studenten wurden von der Universität verwiesen. Andere traf es noch härter. Der hohe sächsische SED-Funktionär Robert Bialek flüchtete nach dem Volksaufstand vom Juni 1953 in die Bundesrepublik, wo er für das Ostbüro der SPD wie auch die BBC tätig wurde. Zwei Jahre später erschien in London ein vom BBC-Journalisten James Stewart ediertes Buch »The Bialek Affair«, während Bialek in einer Sendereihe für die BBC über die Verhältnisse in der DDR aufklärte. Im Jahr 1956 wurde er in Westberlin vom Ministerium für Staatssicherheit der DDR entführt und ermordet. In einer Vorlage an das Büro der Bezirksleitung [der SED] vom 22. August 1962, welche die Lage an der Kreuzschule in Dresden einschätzte, ist außerdem zu lesen: »Vor Jahren besuchte [er] das Rüstzeitheim der ev. Kirche in Hartha [...] Durch das ständige Abhören des Senders BBC London und des Senders SFB verstärkte sich dieser Einfluß noch.«[51] Andere hörten die Nachrichten des RIAS oder später den Deutschlandfunk. Die evangelische Kirche und die Westmedien hatten sich als innere Opposition etabliert.

Die Tagesschau der ARD berichtete am 10. Februar 1964 über die für den 12. Februar beabsichtigte Sprengung der Leipziger Universitätskirche. An diesem Tag wiederum publizierte die Londoner »Times« einen Artikel über die geplante Kirchensprengung. Die stand aber noch am 13. Februar, als die Leipziger Volkszeitung titelte »Westdeutsche Horoskope – oder man hört Flöhe husten«. Im Jahr 1968 wurde die Universitätskirche, gegen vereinzelten Widerstand, doch noch gesprengt. Nach der Ausbürgerung Wolf Biermanns im Herbst 1976 verurteilten auch Künstler wie der Dichter Stephan Hermlin über Westmedien das Vorgehen des Politbüros. Nachdem westdeutsche Zeitschriften im Kontext der Biermann-Ausbürgerung ein erstes Foto der Haftanstalt in Bautzen veröffentlicht hatten, wurde im April 1977 das Strafvollzugsgesetz der DDR reformiert. Westdeutschen Medien titelten »DDR-Gefängnisse humaner« oder »DDR macht Häftlingen das Leben etwas leichter«. Ein Inhaftierter erinnert sich: »Die Vernehmer vom Staatssicherheitsdienst [in Bautzen II] wurden nicht müde, dieses ganze System als ›sozialistische Errungenschaft‹ des DDR-Strafvollzugs anzupreisen, als humanistische Methode, um auf die Gestrauchelten positiv einzuwirken.«[52] Der Leipziger Schriftsteller Erich Loest gab im Jahr 1979 einen Brief Berliner Schriftsteller an die Westmedien weiter, in dem es um den Ausschluss Stefan Heyms aus dem Schriftstellerverband ging. Im Jahr 1982 erschien in Westdeutschland eine in der DDR veröffentlichte Anthologie der Dresdner Lyriker Michael Wüstefeld, Sascha Anderson, der als IM für das Ministerium für Staatssicherheit arbeitete, und Bernhard Theilmann. Letzterer hatte einen der Lyrik-Leporellos dem in Sachsen geborenen und in Westdeutschland lebenden Autor Siegmar Faust zukommen lassen, der in einem »Welt«-Artikel am 1. März 1984 diesen Gedichtband aus Dresden zum ersten Samisdat der DDR erklärte. Das Ministerium für Staatssicherheit plante daraufhin in einem Operativvorgang die Zerstörung Theilmanns und Wüstefelds als Vorbilder für junge Künstler und Schriftsteller.

Da der Empfang westdeutscher Fernsehsender gerade im Raum Dresden schwierig war, richtete im Sommer des Jahres 1984 eine sogenannte Gruppe »Volkszorn« unter pseudonymen Absendern einen Drohbrief an den Staatsrat und Monate später auch das Fernsehen der DDR. Sie forderten westdeutschen Rundfunk und westliches Fernsehen auch für den Bezirk Dresden innerhalb von vier Monaten zu ermöglichen. Anderenfalls sollten Objekte wie ein Lenindenkmal, das Hotel Bellevue in Dresden oder Intershops in die Luft gesprengt werden. Ab 1988 fuhren Ausreiseantragsteller und andere Ausreisewillige montags nach Leipzig, um anlässlich der Friedensgebete von westdeutschen Kameras oder Überwachungskameras erfasst zu werden und so als »aktiver Unruhestifter« schneller die Ausreise gestattet zu bekommen.

Noch Anfang des Jahres 1989 wurde ein Manuskript aus dem Jugendinstitut Leipzig von der Propagandaabteilung des ZK der SED, obwohl es vom Karl-Dietz-Verlag bereits zum Druck vorbereitet war, verboten. Unter dem Titel »Voll auf Empfang« sollte das Medienverhalten der DDR-Jugend und die immer größere Rolle der Westmedien darin empirisch beschrieben werden. Bereits im Jahr 1966 verhielten sich laut dieser Studie nur 12 Prozent der Schüler und Lehrlinge in dieser Hinsicht »normgerecht«, 1970 fiel ihr Anteil unter zehn Prozent. Die Rezeption westlicher Medien war Alltagsverhalten. In den 1980er-Jahren verschoben sich die Verhältnisse zugunsten der Westmedien auch auf dem Gebiet der politischen Information. Lediglich 22 Prozent der befragten Jugendlichen bejahten im Jahr 1988, dass die von den DDR-Medien vermittelten Informationen mit ihren eigenen Erfahrungen übereinstimmten. 39 Prozent der Befragten antworteten ambivalent, weitere 39 Prozent ablehnend.[53] DDR-Medien nahmen vor allem nach dem Mauerbau somit kaum die Rolle eines mehrheitlich akzeptierten politischen Mittlers, gar einer demokratischen Öffentlichkeit ein. Wie während der NS-Zeit die BBC, übernahmen dies für die demokratisch interessierte Öffentlichkeit der DDR elektronische Medien Westdeutschlands.

Die Kirche ist das Schutzdach der demokratischen Opposition

Den demokratisch orientierten Sachsen blieb echte Mitwirkung in der Diktatur verwehrt. Unter dem Dach der Kirche jedoch entwickelte sich eine demokratische Opposition, die neben den westdeutschen Medien die zweite öffentliche Instanz demokratischen Lebens in Sachsen während der DDR-Zeit wurde. Denn trotz der Gleichschaltung aller Organisationen blieben die beiden christlichen Kirchen organisatorisch wie auch ideologisch als einzige Institutionen in der DDR selbständig.

Und wieder hatte die Kirche eine besondere Rolle. Thron und Altar waren tiefer und weiter getrennt als je zuvor. So wurde die evangelische Kirche, von Landeskirche zu Landeskirche unterschiedlich, zum Dach der sich immer mehr demokratisch verfassenden Opposition. Kontakttelefone und Samisdat-Publikationen der Opposition nahmen Anleihen an den kirchlichen Kommunikationsstrukturen oder bedienten sich wegen der hohen Anzahl von kirchlichen Mitarbeitern unter den Mitgliedern der oppositionellen Basisgruppen ihrer sogar. Wie in den Vereinen des Vormärz, lernte man hier demokratische und gleichberechtigte Debatten nach Geschäfts- und Tagesordnung. Das Staatssekretariat für Kirchenfragen beurteilte im Herbst des Jahres 1972 einen Kirchentag in Görlitz mit den Worten, dass seine Kongressarbeit dazu diene, eine kirchliche Elite herauszubilden und bürgerlich-sozialdemokratische Alternativkonzeptionen zu verwirklichen.

Die Bürgerrechtsbewegungen in Mittelosteuropa hatten sich seit Mitte der 1970er-Jahre eine Programmatik gegeben, welche auf die parlamentarische Demokratie setzte. Manche Historiker hingegen meinen, dass das Ziel der osteuropäischen Dissidenten nicht im Aufbau einer parlamentarischen Demokratie, sondern allein in der Schaffung einer Zivilgesellschaft lag. Noch als die DDR-Opposition in der zweiten Hälfte der 1980er-Jahre - eher eine Demokratiebewegung war, nannte sie sich überwiegend Friedensbewegung, um damit eine gewisse Legitimität zu reklamieren und Handlungsspielräume zu behalten.

Oppositionelle organisieren sich in Basisgruppen

Früher als auf landeskirchlicher Basis, organisierten sich auf lokal-regionaler Ebene rund um die sächsischen Großstädte Dresden, Karl-Marx-Stadt und Leipzig die Friedens-, Öko- und Menschenrechtsgruppen der sächsischen Landeskirche. In Dresden wirkte seit 1982 die »Arbeitsgemeinschaft Frieden«. Sie war dem Landeskirchenamt zugeordnet und für die Koordination der Dresdner Basisgruppen zuständig. Sie sollte den Rahmen der Friedensarbeit abstecken und neben dem Dresdner Superintendenten je einen Vertreter der drei Dresdner Bezirkssynoden, der Friedenskreise der Kirchgemeinden Weinberg, Frieden (Radebeul), Auferstehung, Leubnitz-Neuostra und der evangelischen Studentengemeinde vereinen. Die Arbeitsgruppe tagte fortan viermal im Jahr, gelegentlich auch monatlich. Sie besprach kirchliche Aktivitäten rund um den 13. Februar, den Gedenktag der Bombardierung Dresdens, die mögliche Gründung einer Dokumentationsstelle, regelmäßige Friedensgebete und Kommunikationsstrukturen.

Der »Arbeitsgemeinschaft Frieden der Dresdner Kirchenbezirke« gehörte als einzige kirchenunabhängige Organisation die Gruppe Wolfspelz an. Im Dezember 1988 trat die »Arbeitsgemeinschaft Frieden« mit einem Infoheft unter dem Titel »Wir Ahnungslosen« an die Öffentlichkeit. Als Arbeitsmaterial der Dresdner Friedens-, Zweidrittel- und Umweltgruppen stellte es die erste Samisdat-Zeitschrift in Dresden mit einer Auflage von 800 Exemplaren dar. Johannes Meusel vom Friedenskreis Leubnitz-Neuostra sammelte daneben regionale Publikationen, richtete eine Friedensbibliothek ein und eröffnete sie am 6. Mai 1986. Bis 1990 blieb die AG ein lockeres Bündnis von eigenständig arbeitenden Gruppen, obwohl von ihr wesentliche Impulse für die Dresdner Friedensarbeit ausgingen.

In Leipzig war, ähnlich wie in Dresden, im Jugendpfarramt ein »Arbeitskreis Friedensdienst« angesiedelt, der die Friedensarbeit in der Stadt koordinierte. Einen zentralen Ort für den Austausch der Gruppen gab es aber trotz diverser Bemühungen nicht. Der Bezirkssynodalausschuss mit Vertretern aus Basisgruppen, Bezirkssynodalen und Theologen konstituierte sich erst im Herbst 1985. Dies war zwar keine regionale Selbstorganisation von Basisgruppen, für diese aber trotzdem von Vorteil, weil dadurch auch kirchgemeindeferne Gruppen als »kirchliche Gruppen« gegenüber dem Staat vertreten werden konnten.

Eine ständige institutionell verankerte Vernetzung auf Ebene der sächsischen Landeskirche gab es für die Basisgruppen nicht. In einer »Kooperationsgruppe Friedensarbeit« trafen sich aber seit Anfang der 1980er-Jahre Vertreter von Basisgruppen der Landeskirche im Januar unter Leitung von Landesjugendpfarrer Harald Bretschneider in Karl-Marx-Stadt. Auf diesen Treffen wurde unter anderem ein Jahresplan für Veranstaltungen aller Friedensgruppen abgestimmt. Außerdem sollten sowohl die Ermöglichung von Kooperationen mit staatlichen Friedensaktivitäten als auch die Organisation von »zeichenhaften Aktionen« Zweck dieser Zusammenkünfte sein.[54]

Weitere notwendige überregionale Absprachen, Wahlen oder Delegierungen zwischen Basisgruppenvertretern der Sächsischen Landeskirche wurden ab Mitte der 1980er-Jahre in der Regel am Samstagvormittag auf dem weiter unten beschriebenen »Meißener Friedensseminar« durchgeführt. Dieses Vormittagstreffen sollte, so das Ministerium für Staatssicherheit (MfS), die Aufgaben eines Koordinierungsausschusses zwischen den Organisatoren des »Friedensseminars Meißen« und dem harten Kern der Basisgruppen der evangelischen Landeskirche bilden.

Basisgruppen veranstalten Treffen auf demokratischer, oft parlamentarischer Basis
Wesentliche Selbstorganisationsstränge innerhalb der demokratischen Opposition der 1980er-Jahre waren vor allem die vom DDR-weiten Gruppennetzwerk »Frieden konkret« geleistete Verbindung der unterschiedlichen oppositionellen Gruppen, die Ökologiebewegung und die Vernetzung der »Zweidrittelweltgruppen« durch INKOTA (INformation, KOordination, TAgungen). Hinzu kamen die erfolgreichen Vernetzungsversuche der Frauengruppen, der Homosexuellen, der Ausreiseantragsteller aber auch der Gruppen der Offenen Jugendarbeit der Evangelischen Kirche.

Wurzel der Selbstorganisation der demokratischen Opposition waren aber die »Bausoldaten« genannten Verweigerer des Waffendienstes in der Nationalen Volksarmee. Sie organisierten seit den 1960er-Jahren Arbeitskreise, und, vor den Einberufungsterminen, »Alt-Neu-Treffen« zwischen ehemaligen und zukünftigen Bausoldaten. Beginnend mit dem Jahr 1973, trafen sich etwa 20 bis 50 Vertreter dieser Arbeitskreise jährlich im Frühjahr zum zentralen Bausoldatentreffen in Leipzig. Der Theologiestudent Heinz Bächer war Vorsitzender des Bausoldatenregionalkreises Leipzig und bemüht, die bis 1982 illegalen Leipziger Bausoldatentreffen zu legalisieren. Im März 1982 veranstaltete er ein erstes Friedensseminar in Leipzig als Friedensgottesdienst, an dem circa 1.200 Jugendliche aus der gesamten DDR teilnahmen.

In der Tradition der Bausoldatenarbeit standen die Erwägungen einer Dresdner Initiativgruppe um Pfarrer Christoph Wonneberger, die am 9. Mai 1981 zum Aufruf an die Volkskammer der DDR »Für einen Sozialen Friedensdienst« (SOFD) führten. Als Alternative zum Bausoldatendienst sollten Wehrpflichtige ihren Dienst im sozialen Bereich ableisten dürfen. Stefan Bickhardt sagt: »Wir haben dieses Lebensgefühl, das Freiheitsgefühl umgesetzt in die Initiative für den Sozialen Friedensdienst.«[55] Die ARD-Tagesschau berichtete. Um den Aufruf einer noch breiteren Öffentlichkeit zugänglich zu machen, wurden unter anderem Privatpersonen aufgefordert, bis zum Weltfriedenstag am 1. September 1981 unterstützende Schreiben an die Landessynoden zu richten. Ein überregionales SOFD-Arbeitstreffen vom 28. bis 30. Dezember 1981 in Dresden beschloss Arbeitseinsätze in staatlichen Alters- und Pflegeheimen. Vor allem ein folgendes DDR-weites Gruppentreffen zur Thematik »Sozialer Friedensdienst« im Januar 1982 in Dresden und ein für Ostern 1982 ebenfalls in Dresden geplantes noch größeres Folgetreffen lösten beim Staat Unruhe aus. Das letztendlich gescheiterte Dresdner Osterseminar, das die Idee des »Ostermarsches« mit der des Friedensdienstes verbinden und gleichzeitig die Namen und Adressen der am Sozialen Friedensdienst Interessierten DDR-weit sammeln sollte, erscheint im Rückblick wie ein zentrales Nichtereignis. Sein Ausbleiben löste Entwicklungen aus, die in ihrer Folge die eigentlich intendierte Vernetzung der einzelnen Initiativgruppen beförderten. Pfarrer Christoph Wonneberger schlug am 8. Februar 1982 erstmals ein Konzept dezentraler Friedensgebete vor. In den Großstädten der DDR sollten zeitgleich wöchentlich Friedensgebete in zentral gelegenen Kirchen veranstaltet werden. Laut Wonneberger gelang dies neben Dresden auch in Rostock, Leipzig und Magdeburg.

Hier haben die später berühmt gewordenen Leipziger Friedensgebete ihren Ursprung. Als Anfang September 1982 in der Evangelischen Gemeinde von Leipzig/Probstheida ein Bibelkreis älterer Menschen auf eine Junge-Gemeinde-Gruppe traf, wurden die Probleme der Jugendlichen mit dem »Schwerter-zu-Pflugscharen-Aufnäher« diskutiert. Beide Gruppen, Junge wie Alte waren sich einig, dass die Repression gegen die Aufnäherträger eine Öffentlichkeit benötige. Ende September 1982 erging die erste Einladung zum »Friedensgebet in der Nikolaikirche«. Während ab Anfang Oktober jeweils montags Friedensgebete in St. Nikolai stattfanden, wanderten vom 7. bis zum 17. November 1982 innerhalb der Friedensdekade die Gebete täglich von Kirche zu Kirche. Das Symbol dieser Friedensgebete war das Schwerter-zu-Pflugscharen-Emblem.

Die Montagsgebete gestaltete die Junge Gemeinde in den folgenden Jahren auf unterschiedliche Weise. Nachdem im Jahr 1983 die Gebete gut besucht waren, schloss sich im November 1983 eine erste Montagsdemonstration an ein Montagsgebet an. Diese löste die Polizei auf. In den folgenden Jahren ebbte der Zulauf ab. Mit der Übernahme der Koordinierung der Gebete ab 1987 durch den aus Dresden nach Leipzig gezogenen Pfarrer Christoph Wonneberger änderte sich das. Verstärkt besuchten nun auch Ausreiseantragsteller die Gebete und der Staat forderte auch deshalb ihre Absetzung.

Eine weitere Veranstaltung entwickelte sich zum Traditionsgut der sächsischen kirchlichen Friedensbewegung. Polizei und MfS riegelten am 13. Februar 1983 Dresden für jugendliche Besucher ab. Christof Ziemer, mittlerweile Moderator der »AG Frieden der Dresdner Kirchenbezirke«, hatte diesmal für den 13. Februar 1983, dem 38. Jahrestag der Bombardierung Dresdens, einen »Marsch mit Kreuz« von der Kreuzkirche zur Kathedrale mit kurzem Halt an der Ruine der Frauenkirche beantragt. Dieser Schweigemarsch wurde verboten. Die Podiumsdiskussion fand dennoch statt.

Die Opposition wollte aber neben einmaligen Aktionen verlässliche demokratische Institutionen schaffen. Von Basisgruppen selbst organisierte Friedensseminare unter dem Dach der Evangelischen Kirche wurden neben den etablierten amtskirchlichen Strukturen die wirksamste Institutionalisierungsform kirchlicher Friedensarbeit. In ihnen fanden Kennenlernen, Themensetzung, Meinungsbildung, Standpunktfindung und Eingabeformulierung innerhalb der Basisgruppen wie an keinem anderen Ort sonst statt.

Wie die frühe Bausoldatenbewegung unterstreicht auch die Gründung des »Friedensseminares Königswalde«, dass die ostdeutsche Friedensbewegung und ihre Institutionalisierung nicht erst als Reflex auf die Einführung des Pflichtschulfaches »Wehrkunde« ab September 1978 entstanden. Eine Wochenendveranstaltung im Jahr 1971 gab seinem Gründer Hansjörg Weigel den Impuls für dieses erste Friedensseminar im Jahr 1973, welches ursprünglich als einmaliges Treffen geplant war, sich dann aber verstetigte.

Die 26 Teilnehmer, überwiegend Bausoldaten, hörten den Vortrag Pfarrer Rudolf Albrechts aus Ziegenhain bei Meißen, der im darauffolgenden Jahr das »Meißener Friedensseminar« gründete. Unmittelbar nach der Unterzeichnung der KSZE-Schlussakte in Helsinki referierte auf dem Herbstseminar 1975 wieder Rudolf Albrecht über das Thema Menschenrechte und verlangte dort die Einrichtung eines Verfassungsgerichtes in der DDR sowie einklagbare Grundrechte. Mit dem Frühjahrsseminar 1979 wandelte sich das Seminar vom Eintagestreffen im Pfarrhaus in eine Wochenendveranstaltung in der Ortskirche. Im Jahr 1982 misslang der Versuch der Initiatoren des Seminares, für die sächsische Friedensbewegung ein Periodikum herauszugeben. Die Zusammenarbeit mit Westmedien lehnten die Veranstalter im Gegensatz »zu den Berlinern« trotzdem konsequent ab, um nicht in den Verdacht zu geraten, vom Westen gesteuert zu werden. Das Königswalder Seminar wurde zum Gründungsvorbild für Seminare wie das in Meißen, das politisch offensiver arbeitete.

Andere auf Königswalde folgende Friedensseminargründungen innerhalb der Sächsischen Landeskirche in Waldheim, Oschatz oder Leipzig waren nicht von Dauer. Das von Rudolf Albrecht im Jahr 1975 gegründete »Friedensseminar Meißen«, das anfangs lediglich 12 Personen besuchten, konnte sich hingegen behaupten. Das Seminar tagte, wie sein Vorbild in Königswalde, jeweils an zwei Wochenenden im Mai und Oktober. Eine Gruppe von 15 Mitarbeitern bereitete das Seminar in Meißen vor und verantwortete es auch. Nach 1977 besuchten regelmäßig zwischen 20 und 25 Teilnehmer, in den 1980er-Jahren sogar bis zu 350 überwiegend junge Leute das Seminar. Diese kamen auch aus den Niederlanden, der Bundesrepublik, der Schweiz und England. Nachdem Rudolf Albrecht im Jahr 1980 beruflich nach Dresden wechselte, blieb er trotzdem für das Seminar verantwortlich. Seit 1980 fand das Seminar seine Heimat in der Trinitatisgemeinde in Meißen-Zscheila.

Am Samstagnachmittag füllte sich während eines Seminares die Meißener Kirche oft bis zur Empore, auch durch Familien mit Kleinstkindern. Im Mittelpunkt des Nachmittags standen Referate und die Gruppendiskussionen. Themen der Referate waren unter anderem »Gewaltfreiheit im Friedenskampf« oder später »Neues Denken in der Politik«. Den Referaten folgte eine Kaffeepause, an welche sich die Gruppenarbeit anschloss. Noch vor dem

Abendbrot wurde eine Plenumsrunde durchgeführt. Hier bekamen die Teilnehmer die Möglichkeit, über ihre Erfahrungen beim »Frieden schaffen ohne Waffen« zu berichten. Am Samstagabend fanden sich die Teilnehmer zu Orgelkonzerten, Filmen, Liedermachern, Vorträgen, Konzerten, Kabarett und Puppenspiel zusammen. Sonntagvormittags wurde noch gemeinsam gearbeitet und nachmittags mit der Ortsgemeinde der Abschlussgottesdienst gefeiert. Die Kollekte, oft über 1.000 Mark, wurde für die Friedensbibliothek in Dresden, den Ökologiefonds des Kirchlichen Forschungsheimes Wittenberg, ein Krankenhaus in Obervolta oder ein Flüchtlingslager in Angola verwendet. Wie auch auf allen anderen Seminaren wurden Materialien für die Arbeit, Gesetzesblätter, Referate der vorangegangenen Seminare sowie Buchauszüge in den einzelnen Gruppen bereitgehalten.[56]

Innerhalb der grünen Bewegung der DDR existierten eigene Vernetzungsinstanzen, beispielsweise in Form des Christlichen Umweltseminars Rötha, südlich von Leipzig. Ein Kreis von Christen und Atheisten begann Ende der 1970er-Jahre in Seminarform die Umweltproblematik zu diskutieren, pflanzte 1978 erstmals Bäume und gründete 1981 das Seminar offiziell. Leiter des Christlichen Umweltseminars war Pfarrer Walter Christian Steinbach. Auf dem Kirchentag 1983 in Dresden veranstaltete das »Christliche Umweltseminar Rötha« einen viertägigen Umweltkongress in Klotzsche bei Dresden. Die circa 20 Mitglieder hielten außerdem in Mölbis im Juni 1983 einen ersten Umweltgottesdienst ab, in dem Landesbischof Hempel predigte. Dieser Gottesdienst wurde in den Folgejahren von jeweils mehr als tausend Teilnehmern aus nah und fern besucht.

Auch der zweite Umweltgottesdienst am 20. Mai 1984 widmete sich dem von der Umweltverschmutzung im Bornaer Raum am schlimmsten betroffenen Dorf Mölbis nahe Espenhain. Die Seminarteilnehmer verschriftlichten ihre Ergebnisse und verschickten sie in Eingabeform an den Vorsitzenden des Staatsrates der DDR, Erich Honecker. Parallel zu ähnlichen Gesprächen in anderen Bezirken sprach neben regionalen Staatsvertretern ein Abteilungsleiter des Ministeriums für Umweltschutz der DDR mit den Eingabeverfassern und bestätigte ihre Ergebnisse als durchaus zutreffend. Allerdings ohne praktische Folgen. Deshalb forderten die Teilnehmer des Umweltgottesdienstes 1987 in Mölbis mit einer Eingabe an den Vorsitzenden des Ministerrates der DDR, Willi Stoph, Soforthilfen. Wieder folgte ein Gespräch mit

Staatsvertretern, die im Grunde einen ökologischen Offenbarungseid leisteten. Nichts geschah.

Auf dem Umweltgottesdienst im Juni 1988 in Deutzen predigte Pfarrer Friedrich Schorlemmer mit Schärfe. Außerdem veröffentlichte das Umweltseminar Rötha zusammen mit dem »Ökologischen Arbeitskreis der Dresdner Kirchenbezirke« den Aufruf »Eine Mark für Espenhain«. Weil Unterschriftensammlungen in der DDR verboten waren, wurde symbolisch um die Spende von einer Mark gebeten, die mit der Unterschrift quittiert werden sollte. Diese Einzahlungsquittungen fungierten in ihrer Summe als unterschriftensammlungsähnliche demokratische Legitimation. Parallel wurde eine Dia-Serie erarbeitet und gemeinsam mit den »Quittungslisten« 200 Mal an Umweltgruppen oder Kirchengemeinden verschickt. Im Jahr 1990 hatte die sehr erfolgreiche Aktion 100.000 Unterschriften und genauso viele Mark der DDR gesammelt, welche der Zukunftsstiftung Südraum Leipzig zuflossen. Nachdem der »Spiegel« Mölbis zum dreckigsten Dorf Europas erklärt hatte, filmte dort am 5. Oktober 1989, unterstützt von Walter Christian Steinbach, ein ZDF-Team und sendete den Beitrag nach dem 9. Oktober.

Anfang der 1980er-Jahre baute der in Leipzig lebende Theologe Eduard Stapel unterschiedliche »Arbeitskreise Homosexualität« in Leipzig und anderen Orten auf, bevor er hauptberuflich in die Homosexuellenarbeit unter dem Kirchendach einstieg und im Jahr 1990 den Schwulenverband der DDR gründete. Die unabhängigen Homosexuellengruppen wurden daneben in der zweiten Hälfte der 1980er-Jahre in die Koordinierungstreffen der sächsischen Friedens-, Umwelt- und Zweidrittelweltgruppen integriert.

Die im Sommer des Jahres 1975 beschlossene KSZE-Schlussakte, in der die DDR formale Grundrechte wie das Recht auf Reisefreiheit anerkannte, hatte ähnlichen innenpolitischen Einfluss wie die Machtergreifung Michail Gorbatschows in der Sowjetunion zehn Jahre später. Sie ermutigte viele Bürger zu grundrechts- und demokratiebasierten Schritten in eigener Verantwortung. Bereits 1976 gründete sich in Riesa eine Bürgerrechtsinitiative um den Arzt Karl-Heinz Nitschke. Der von ihm und 32 weiteren Riesaern im Juli 1976 an Staats- und Parteichef Erich Honecker und die UN-Division of Human-Rights gerichtete Petition betreffs der freien Wahl des Aufenthaltsortes schlossen sich im August 1976 viele weitere Ausreiseantragsteller aus ganz Sachsen an. Fünf Unterzeichner wurden mit Haft bestraft. Diese kollektive Berufung auf internationale Dokumente wie die UNO-Menschenrechtsdeklaration wurde später ein oft benutztes Instrument von Ausreisergruppen und einzelnen Ausreiseantragstellern. Im Jahr 1983 entstanden mit dem Ansteigen der Anzahl der Ausreiseantragsteller in Sachsen die ersten »Weißen Kreise« der Ausreiseantragsteller. Im Jahr 1986 gründete Pfarrer Christian Führer in Leipzig den Kreis »Hoffnung für Ausreisewillige«. Viele andere wurden weiterhin wegen Fluchtversuchen oder politischer Missliebigkeit verhaftet. In den 1980er-Jahren gab es DDR-weit über 32.000 politische Verurteilungen. Etwa 15.000 Verurteilte durchliefen, in der Regel vor ihrem Freikauf durch die Bundesrepublik Deutschland, die Untersuchungshaftanstalt auf dem Karl-Marx-Städter Kaßberg.

Ende Februar des Jahres 1987 tagte das Wochenendseminar »Frieden konkret« als zentrale Vernetzungsinstanz der demokratischen Opposition der DDR erstmals in Sachsen. In Leipzig hörten etwa 180 Teilnehmer aus 52 verschiedenen Gruppen am Freitag, dem 27. Februar 1987, das einleitende Grußwort des Leipziger Superintendenten Friedrich Magirius. Der Erfurter Probst Heino Falcke hielt das Hauptreferat, in welchem er Gorbatschows »Neues Denken« in Bezug zum »Konziliaren Prozeß« setzte. Die Relevanz dieses Themas unterstrich der Umstand, dass ein sowjetischer TASS-Journalist zwar nicht eingeladen, aber trotzdem angereist war. Anschließend wurde in Arbeitsgruppen zu unterschiedlichen Themen gearbeitet. Im Plenum wurden am Samstag und Sonntag die in den Arbeitsgruppen erarbeiteten Texte diskutiert, beschlossen und an staatliche und kirchliche Stellen verschickt. Eine Eingabe an die Volkskammer mit der Forderung nach Verwaltungsgerichtsbarkeit wurde schriftlich vom Ministerium der Justiz beantwortet. In dem Schreiben wurde der weitere Ausbau der Rechtsgarantien zugesagt, um die Gesetzlichkeit in allen Bereichen des gesellschaftlichen Lebens weiter zu erhöhen.

Die Ökumenische Versammlung: größte basisdemokratische Initiative der späten DDR

Die »Ökumenische Versammlung« sollte den Gipfel der Selbstverständigung der DDR-Opposition markieren. Dietrich Bonhoeffer hatte im Jahr 1934 zur Lösung gegenwärtiger Probleme ein Friedenskonzil vorgeschlagen. Diese Idee eines Friedenskonzils, später »Konziliarer Prozess« genannt, brachte Heino Falcke als Vertreter der Evangelischen Kirchen der DDR im Sommer 1983 auf der 6. Vollversammlung des Ökumenischen Rates der Kirchen im kanadischen Vancouver als Antrag ein. Die Synode des Bundes evangelischer Kirchen in der DDR begrüßte den Vorschlag und rief Basisgruppen, Kirchengemeinden und Kirchenleitungen auf, sich an der Vorbereitung eines »Konzils des Friedens« zu beteiligen.

Drei Jahre später erarbeitete in diesem Sinne der »Stadtökumenekreis Dresden« unter Superintendent Christof Ziemer die Empfehlung an die Gemeinden der DDR herauszufinden, wie globalen Herausforderungen mit einer Reformperspektive in der DDR begegnet werden kann. Im Rahmen eines ökumenischen Gottesdienstes anlässlich des 41. Jahrestages der Zerstörung Dresdens am 13. Februar 1986 rief der Stadtökumenekreis die Kirchenleitungen auf, vor der »Ökumenischen Versammlung« auf europäischer Ebene eine »Ökumenische Versammlung für Gerechtigkeit, Frieden und Bewahrung der Schöpfung« (ÖV) in der DDR einzuberufen. Die »Arbeitsgemeinschaft Christlicher Kirchen« (AGCK) nahm sich der Thematik an und berief im Juni 1987 eine von Christof Ziemer geleitete Vorbereitungsgruppe für eine ÖV in der DDR ein. Etwa 25 Prozent der späteren ÖV-Delegierten waren Basisgruppenmitglieder.

Kirchengemeinden und Basisgruppen wurden von der Vorbereitungsgruppe im Oktober 1987 unter dem Motto »Eine Hoffnung lernt gehen« aufgerufen, sich mit Vorschlägen zu beteiligen. Etwa zehntausend Zuschriften wurden zwischen Oktober 1987 und Februar 1988 gesammelt und vorbearbeitet. Die Absender votierten in der Summe überwiegend für Freiheit, Demokratie, Rechtssicherheit und Gerechtigkeit. Die 146 Delegierten der ersten Vollversammlung vom 12. bis 15. Februar 1988 in Dresden aus 19 Kirchen und kirchlichen Gemeinschaften hörten neun »Zeugnisse der Betroffenheit« zu Themen wie Wehrdienst- und Wehrerziehungsproblematik, Schutz des ungeborenen Lebens, Uranbergbau in der DDR, Waldsterben im Erzgebirge aber auch Entwicklungsproblemen der Dritten Welt. Neben Vorträgen wie Michael Beleites erstmaliger öffentlicher Darstellung seiner Forschungsergebnisse zum Uranbergbau in der DDR arbeiteten 13 Arbeitsgruppen auf Grundlage der Eingaben an Texten.

Die dritte Vollversammlung vom 26. bis 30. April 1989 in Dresden trat bewusst an die Öffentlichkeit. Hier wurden 802 Abänderungsanträge der Delegierten, Beraterinnen und Berater behandelt. Den Text »Mehr Gerechtigkeit in der DDR – unsere Aufgabe, unsere Erwartung« versuchte der Staatssekretär für Kirchenfragen, Kurt Löffler, noch in letzter Minute zu verhindern, was aber nicht gelang. Am 30. April 1989 nahm die Vollversammlung die in den 13 Arbeitsgruppen vorbereiteten 12 Texte mit der erforderlichen Zwei-Drittel-Mehrheit an. Im Rahmen eines Gottesdienstes wurden die Texte anschließend an die Kirchen übergeben. Verschiedene Kirchenleitungen und Politiker bezogen sich später, vor allem während der Friedlichen Revolution, öffentlich auf die Beschlüsse der Ökumenischen Versammlung.

Das MfS konnte den Druck, der von solchen Zusammenkünften ausging, nicht mehr auffangen und musste 1989 konstatieren, dass über die Hälfte aller oppositionellen Basisgruppen und regionalen Zusammenschlüsse vor dem Jahr 1985 gebildet wurde. Es existierte ein relativ stabiles und gut funktionierendes Verbindungs- und Nachrichtensystem mit Kontakttelefonen und Kuriereinsätzen, wodurch kurzfristig auch Solidarisierungsaktionen in Gang gebracht werden konnten. Aus den Andachten in Leipzig, die wegen der »Karl- und Rosa-Verhaftungen« Mitte Januar 1988 in Berlin starken Zulauf erlebten, ging der Impuls für ein von den Gruppen selbstverantwortetes Kommunikationszentrum hervor. Im Februar 1988 wurden dafür Mittel gesammelt und ein Trägerkreis für ein Kommunikationszentrum eingerichtet, der bis Oktober 1989 existierte.

In derartigen Zentren wie auch in der Ökumenischen Versammlung trafen sich viele, die in den Jahren zuvor Friedensgebete gestaltet oder einen Sozialen Friedensdienst eingefordert hatten. Kurze Zeit später überwachten sie die Kommunalwahlauszählung am 7. Mai 1989, gründeten neue Initiativen und gestalteten so den Wandel des Herbstes 1989. Der französische Philosoph Jean-François Revel ist der Ansicht, dass der Kommunismus wie ein Schiff ist, das sich nicht öffnen kann ohne unterzugehen. Wenn innerhalb des Kommunismus liberale Tendenzen nicht mehr gestoppt werden, können sich demokratische Prozesse institutionalisieren, was zu Wahlen und damit zum Ende des Regimes führt.

Demokratie –
erkämpft durch die Friedliche Revolution

Die nicht an die Kirche angebundene»Demokratische Initiative zur Erneuerung der Gesellschaft« rief mit großem Echo für den 15. Januar 1989 in Leipzig mit Flugblättern zu einer Protestaktion vor dem Alten Rathaus auf. Andere Oppositionelle versuchten sich weiter in den eingespielten oppositionellen Verfahren unter dem Kirchendach. Auf dem letzten Treffen von »Frieden konkret«, Ende Februar 1989 in Greifswald, wurde der Vorschlag der »Initiativgruppe Leben Leipzig«, ein Adressenverzeichnis aller Basisgruppen zu erarbeiten und den Gruppen zur Verfügung zu stellen, abgelehnt. Keine Zustimmung erhielt auch der Antrag des»Friedensarbeitskreises der Evangelischen Studentengemeinde Karl-Marx-Stadt«, den Vorschlag zu unterstützen, dass die Regierung der DDR aufgefordert werde, eine gesamtstaatliche Konsultativkonferenz einzuberufen, welche alle gesellschaftlichen Kräfte einbeziehen und Verständigung über wichtige Fragen in der Gesellschaft herbeiführen sollte. Hingegen wurde aber der Vorschlag des »Friedensarbeitskreises der Evangelischen Studentengemeinde Karl-Marx-Stadt« zur Einführung eines »Freiwilligen Sozialdienstes«, der als Wehrersatzdienst anerkannt werden sollte, angenommen. Das Plenum beschloss außerdem, die Kommunalwahl, vor allem ihre Auszählung Anfang Mai, DDR-weit zu überwachen.

Die Uraufführung von Christoph Heins»Die Ritter der Tafelrunde« am 12. April 1989 im Staatsschauspiel Dresden brachte die Kritik des Autors an der DDR-Führung dem Dresdner Publikum nahe. Am Abend des 6. Mai 1989, einen Tag vor der letzten Kommunalwahl unter der Herrschaft der SED, rief der»Friedensarbeitskreis der Evangelischen Studentengemeinde Karl-Marx-Stadt« in die Johanniskirche zu einer Veranstaltung unter dem Thema »Wie weiter in der DDR?«. Die Versammelten forderten neben allgemeinen Reformen zum Teil auch eine neue Kombination von Basisdemokratie und Parlamentarismus. Die Beobachtung der Auszählung der Kommunalwahl am nächsten Tag, die DDR-weiten Belege für Wahlfälschungen und ihre Publizierung durch Westmedien waren ein weiterer Auftakt zu den vielerorts einsetzenden permanenten Unruhen, welche die Friedliche Revolution im 200. Jubiläumsjahr der Französischen Revolution einleiteten. Die erfolgreiche Kommunalwahlkampagne beschleunigte den Wandel von der »schwärmerischen Basisdemokratie« zur institutionenbewussten und Macht beanspruchenden Oppositionsarbeit.

Im Jahr 1989 verging kein Monat, ohne dass in westdeutschen Medien über die Proteste und Verhaftungen in Leipzig berichtet wurde. Kathrin Walther, die im Jahr 1989 hauptberuflich für den Arbeitskreis Gerechtigkeit Leipzig (AKG) arbeitete, war Kontaktperson zu den West-Medien. Die SED vernahm den auch so erzeugten neuen Ton. Der für Propaganda verantwortliche Sekretär der SED-Bezirksleitung Leipzig, Jochen Pommert, referierte am 15. Juni 1989 auf einer geschlossenen Veranstaltung der SED-Stadtleitung Leipzig: »Welcher Mittel bedienen sich diese Leute vor allem? Sie mißbrauchen permanent z. B. uns teure und inhaltsschwere politische Begriffe, wie Freiheit und Demokratie, Menschenrecht und Menschenwürde, Antifaschismus und Humanität.«[57]

Am 4. September 1989 schloss sich, vor allem wegen des großen Zulaufs unzufriedener Leipziger, die der Kirche eigentlich fernstanden, eine Montagsdemonstration an das Montagsgebet an. Auf dem Nikolaikirchhof forderten die Anwesenden unter anderem Reisefreiheit. Das MfS war bemüht, Transparente zu entfernen und die Demonstration aufzulösen, was »Stasi raus«-Rufe zur Folge hatte. Die Bilder fanden den Weg in die Tagesschau, weil wegen der Herbstmesse viele westliche Kamerateams in der Stadt waren. Wenige Tage später erreichte die ostdeutschen Tagesschau-Zuschauer die Nachricht von der Gründung des »Neuen Forum« in Grünheide. Am 21. September sagte der Erste Sekretär der SED-Kreisleitung Oschatz, Buschmann, dass dem Sozialismus die Zukunft gehöre.

Tatsächlich trafen sich teilweise sehr plurale Vertreter verschiedener oppositioneller Gruppierungen aus der gesamten DDR am 24. September in Leipzig. Sie konnten sich aber nicht auf Strukturen und gemeinsame Absichten verständigen. Das Neue Forum wollte eine Dialogplattform sein. Die in Gründung befindliche SDP wollte eine Partei werden, Demokratie Jetzt und Demokratischer Aufbruch (DA) waren verhandlungsbereit. Die »FAZ« berichtete etwas entstellend, dass dieses eigentlich für den 2. Oktober geplante Treffen um eine Woche vorgezogen wurde und dass sich die 80 Teilnehmer darauf geeinigt hätten, das Neue Forum als Dachorganisation anzuerkennen.[58] Mitnichten. Der einzige Konsens aller Beteiligten hieß »Widerstandsidentität« und Demokratie. Im Gründungsaufruf von »Demokratie jetzt« jedoch stand: »Der Sozialismus muss nun seine eigentliche, demokratische Gestalt finden [...] Er darf nicht verloren gehen.«

Parallel zur Montagsdemonstration des 29. September sagte der erste Sekretär der SED-Bezirksleitung Dresden, Hans Modrow, der zu einem Besuch in Stuttgart weilte, in die Kameras der ARD-Tagesschau, dass die Sachsen reformfreudig seien. Immer mehr Westmedien wurden auf die Geschehnisse in Ostdeutschland aufmerksam, berichteten, mobilisierten weitere Teile der sächsischen Bevölkerung, so dass das Montagsgebet am 2. Oktober wegen Überfüllung auf mehrere Kirchen verteilt werden musste. Zu einer gemeinsamen Erklärung gelangte die mittlerweile »Kontaktgruppe« genannte Versammlung aller neuen Initiativen am 4. Oktober 1989. Vertreter der Bürgerbewegung Demokratie Jetzt, des Demokratischen Aufbruchs, der Gruppe Demokratische Sozialistinnen, der Initiative für Frieden und Menschenrechte, der Initiativgruppe Sozialdemokratische Partei der DDR, des Neuen Forums und Vertreter von Friedenskreisen erklärten sich mit allen solidarisch, die wegen ihres Einsatzes für Ziele wie Verwirklichung der Menschenrechtskonvention der Vereinten Nationen und der KSZE-Dokumente inhaftiert wurden. Sie forderten, dass die UNO die nächsten DDR-Wahlen kontrollieren sollte und beschlossen eine Zusammenarbeit, um zu prüfen, in welchem Umfang ein Wahlbündnis mit gemeinsamen eigenen Kandidaten zu verwirklichen sei.[59]

Am 40. Jahrestag der Gründung der DDR, dem 7. Oktober, folgten in Plauen 10.000 Menschen dem Aufruf »Initiative zur demokratischen Umgestaltung« und demonstrierten für demokratische Wahlen, Meinungs- und Reisefreiheit: Die erste Massendemonstration der friedlichen Revolution der DDR. Der zwischen den Demonstrierenden und der Staatsmacht vermittelnde Plauener Pfarrer Thomas Küttler meldete noch am selben Abend an das Landeskirchenamt, dass er einen derartigen Ausbruch von Freiheitswillen noch nie erlebt habe und er nicht glaube, dass sich der wieder zurückdrängen lasse. Zwei Tage später, am 9. Oktober, fand die wohl berühmteste und entscheidende Leipziger Montagsdemonstration im Anschluss an ein Montagsgebet statt. Am darauffolgenden Tag veröffentlichte die bis dahin linientreue LDPD-Zeitung »Der Morgen« den ersten Leserbrief mit der Forderung nach Reformen.

Weltweit bekannt wurde jener Ruf der Demonstranten »Wir sind das Volk«, der Volkssouveränität reklamierte. Neben weiteren Forderungen wie Freiheit und Zivildienst stand im Mittelpunkt von Demonstrationen oder Gebeten sehr regelmäßig aber auch die Menschenwürde. Sie war eine bisher übersehene zentrale Forderung der Friedlichen Revolution, nicht nur in Leipzig. Am 9. Oktober war beispielsweise in der Leipziger Reformierten Kirche folgende Meditation aus Afrika zu hören: »Da wir Sklaven waren, sprachen wir wie Sklaven, begriffen wir wie Sklaven, dachten wir wie Sklaven. Da wir aber frei werden, werfen wir die Ketten der Knechtschaft hinter uns. Glaube, Liebe, Hoffnung: sie bleiben gültig; doch ohne Gott, ohne Freiheit und Menschenwürde bleiben sie leere Schatten.«[60] Die von Sigbert Schefke und Adam Radomski an diesem Tag illegal gemachten Filmaufnahmen liefen nicht nur am 10. Oktober in der ARD-Tagesschau, sondern auch in anderen westdeutschen Nachrichtensendungen, der BBC und auf CNN. Die demokratische friedliche Revolution war auch eine ikonografisch geprägte Medienrevolution.

Im Fürbittgottesdienst am 23. Oktober in der Leipziger Propsteikirche war zu hören: »Wenn wir uns darauf verständigen können, die Sache der Menschenwürde in dieser Weise zu betrachten, dann bleibt noch viel zu tun. Packen wir's an. Der Stein gesellschaftlicher Veränderungen ist losgetreten. Wo immer du stehst, wo immer du Verantwortung trägst – laß nicht nach in deinen Bemühungen. Deine Würde ist ein kostbares Gut.«[61] Eine Erklärung von Gruppenvertretern am selben Tag lautete: »Unsere Arbeit in den Gruppen ist getragen durch den von Christus gelebten Glauben an Menschlichkeit und Menschenwürde. Wir brauchen die Solidarität aller – die auf verschiedenste Art und Weise nach diesen Werten suchen und leben möchten. Wir können nicht mehr nebeneinander für dasselbe wirken wollen. Es ist Zeit – sich zu engagieren – weil wir jetzt leben und nicht mehr lediglich auf Veränderungen in der Zukunft hoffen können.«[62] Eine Woche später, am 30. Oktober, legte der zuständige Superintendent Martin Kupke in Oschatz ein 14-Punkte-Programm aus, worin er die Beachtung der Menschenwürde für jedermann forderte, weil deren Verletzung der eigentliche Grund für die Massenflucht aus der DDR sei.

Die SED versuchte, mit Dialog-Angeboten und demokratischen Zugeständnissen die Lage zu beruhigen. Es ging den Revolutionären des Herbstes aber nicht um teilweise Demokratisierungen, sondern um die Demokratie. Der Schriftsteller Christoph Hein adelte Leipzig in seiner Rede auf der größten Demonstration der Friedlichen Revolution am 4. November 1989 in Berlin mit dem Titel »Heldenstadt«. Vor dem Dimitroff-Museum fand am 18. November 1989 die erste offiziell genehmigte Demonstration der Friedlichen Revolution in Leipzig statt.

Im November institutionalisierte sich die Revolution. Nach den Bewegungen und Parteien gründeten sich Foren, fanden institutionalisierte Dialoge zwischen Demonstranten und den Machthabern statt. Ab Anfang Dezember arbeiteten Runde Tische. Damit wurden die Bezirke somit von zwei quasi parlamentarischen Institutionen geführt, die hier und da kooperierten, aber auch konkurrierten, die aber vor allem beide nicht demokratisch gewählt waren: vom Bezirkstag und von den jeweiligen Runden Tischen. Die Aufgabe beider Institutionen war es, den zwischen ihnen herrschenden Zwist in einen parlamentarischen Zwist von Parteien zu überführen. Hinzu kamen die weiter existierenden Räte der Bezirke. Diese drei Institutionen führten konkurrierend und kooperierend das entstehende Bundesland Sachsen bis ins Frühjahr 1990.

Möglicherweise beeinflussten die friedlichen Leipziger Montagsdemonstrationen deeskalierend die Diskussionen des SED-Politbüros, das immer dienstags tagte. Gunter Weißgerber sagt: »In Leipzig war das Ereignis zum Greifen, Montags wurde skandiert, was tags darauf Ost-Berlin vollziehen musste.«[63] Am 1. Dezember 1989 wurde der Führungsanspruch der SED aus der DDR-Verfassung gestrichen. Hoffnungsvoller wurden viele Menschen nach dem Zehn-Punkte-Programm Helmut Kohls vom 28.11. und seiner Rede vor der Frauenkirche in Dresden am 19.12.1989. Bald war über Sachsen zu lesen: »Ein Volk hat überdauert, sein Freiheitsdrang gesiegt.« Bundespräsident Roman Herzog sagte am 3. Oktober 1994 während des Festaktes zur deutschen Einheit in Bremen: »Westdeutschland hat uns die erste erfolgreich erprobte demokratische Verfassung beschert, Ostdeutschland aber die erste erfolgreiche demokratische Revolution unserer Geschichte.«

Die Landesverfassung hat viele Ursprünge und Quellen

Während einer Demonstration am 8. Oktober 1989 in Dresden wurden rund 20 Bürger von den Demonstranten beauftragt, am Folgetag den Behörden ihre Forderungen vorzutragen. Diese sogenannte »Gruppe der 20« verschaffte sich ihre formale Legitimation dadurch, dass sie ihre Unterstützer, ähnlich wie die Aktion »Eine Mark für Espenhain«, aufforderte, den symbolischen Betrag von genau einer Mark auf ein Konto einzuzahlen. Weil Unterschriftensammlungen in der DDR noch immer verboten waren, konnte so die Unterstützerzahl der Gruppe ermittelt und ihren Argumenten mehr Gewicht gegeben werden. Zahlungsbelege wurden bald knapp, das Konto gesperrt, und trotzdem erkannte Oberbürgermeister Wolfgang Berghofer am 16. Oktober die Gruppe als Gesprächspartner an. Bis zum Jahresende waren auf das Konto 100.000 Mark eingezahlt: Eine besondere Art demokratischer Legitimation.

Das Neue Forum in Dresden gab sich unter seinem Sprecher Arnold Vaatz feste Strukturen und zielte politisch eher auf die deutsche Einheit als auf eine Reformierung des Sozialismus. Nachdem Bürgermeister Henning Voscherau aus Hamburg seine Partnerstadt Dresden besucht hatte, bat Arnold Vaatz ihn per Telegramm um einige Exemplare des Grundgesetzes, woraufhin Voscherau ihm 30 zuschickte. Herbert Wagner, der eines erhielt, stellte sich die Frage:»Sollten wir nicht die Diskussion um eine neue DDR-Verfassung beenden und einfach das Grundgesetz einführen?«[64] Am 9. April 1990 sprachen sich 42 Prozent aller DDR-Bürger für eine eigenständige neue DDR-Verfassung aus. 38 Prozent wünschten sich eine neue gesamtdeutsche Verfassung und 9 Prozent die Übernahme des Grundgesetzes der Bundesrepublik Deutschland.

Anfang Februar 1990 präsentierte der Rat des Bezirkes Dresden seine Ideen zu der Wiederherstellung des Landes Sachsen und den Grundzügen einer Landesverfassung. Schnell wurde ihm widersprochen. Ein weiterer, wesentlich von Arnold Vaatz verfasster Verfassungsentwurf der »Gruppe der 20« erschien am 29. März 1990 in einer Tageszeitung. Knapp drei Monate, nachdem Hans Modrow auf Besuch in Stuttgart die Sachsen in der Tagesschau ein reformfreudiges Völkchen genannt hatte, nahmen sächsische Neu-Politiker

Kontakt zur baden-württembergischen Regierung auf, mit der sie im Auftrag des »Dresdner Koordinierungsausschusses für die Bildung des Landes Sachsen« sprachen. In Form einer gemischten Kommission unter Leitung des Dresdner Kirchenjuristen Steffen Heitmann, der juristischer Berater der »Gruppe der 20« war, erstellte er ab April 1990 einen Verfassungsentwurf für das Land Sachsen. Er basierte auf der Grundlage des Entwurfes der »Gruppe der 20«, den Verfassungen Sachsens von 1920 und 1947 sowie bundesdeutschen Landesverfassungen und dem Grundgesetz. Nach ihrem Tagungsort in der sächsischen Schweiz wurde der Text »Gohrischer Entwurf« genannt.

Weitere Verfassungsentwürfe kamen von sächsischen Hochschullehrern, einer Arbeitsgruppe der LDPD beziehungsweise dem Runden Tisch im Bezirk Karl-Marx-Stadt. Die SPD verzichtete auf einen eigenen Verfassungsentwurf und schloss sich stattdessen dem »Gohrischen Entwurf« an, der am 5. August 1990 von der Fachgruppe Verfassungs- und Verwaltungsreform der »Gemischten Kommission Baden-Württemberg/Sachsen« vorgelegt worden war.

Nachdem auch die Linke Liste/PDS Ende Dezember 1990 einen eigenen Verfassungsentwurf für den Freistaat veröffentlicht hatte, lag im Sommer 1991 dem sächsischen Bürger für zwei Monate eine staatlicherseits veröffentlichte Synopse der unterschiedlichen Verfassungsentwürfe vor. Gerade die Ideen der Linke Liste/PDS, der ehemaligen SED, waren nicht sonderlich populär, so dass diese nun darauf drängte, den auf dem »Gohrischen Entwurf« basierenden endgültigen Verfassungsentwurf nach seiner Annahme durch den Landtag per Volksabstimmung in Kraft treten zu lassen. Die anderen Parteien lehnten dies ab. Nachdem der Sächsische Landtag am 26. Mai 1992 – nach 1831, 1920 und 1947 – die vierte Landesverfassung Sachsens verabschiedet hatte, trat sie am 6. Juni 1992 in Kraft, als erste in einem ostdeutschen Bundesland.

Die Landesverfassung ist in dem Sinne konservativ angelegt, dass sie sich in ihrem ersten Teil den Grundlagen des Staatsaufbaus widmet und im zweiten den Grundrechten. Diese decken sich weitgehend mit den im Grundgesetz festgeschriebenen Grundrechten. Während Parteien keine Erwähnung finden, werden Wahlen, Volksanträge, Volksbegehren und Volksentscheide als partizipative Elemente einer repräsentativen parlamentarischen Demokratie festgeschrieben. Als Staatsziele wurden nach langen Auseinandersetzungen das Recht auf angemessenen Wohnraum, das Recht auf Lebensunterhalt, soziale Sicherung und Bildung wie auch ein Recht auf Arbeit fixiert. Daneben wurde Arbeitnehmern ein Recht auf Mitbestimmung in Betrieben und Behörden zugesagt. Ein Recht auf Datenschutz sowie Auskunft über Umweltdaten existiert ebenfalls.

Deutsche Einheit: Vom Grundgesetz vorgesehen und von der DDR-Bevölkerung gewollt

Ende Februar 1990 beschloss die Regierung der DDR unter dem ehemaligen Dresdner SED-Bezirkschef Hans Modrow, bis zur Länderneubildung die Bezirkstage nicht neu zu wählen. Eine neue Arbeitsgruppe »Bildung des Landes Sachsen« nahm ihre Arbeit auf. Nach einer Bürgerbefragung wurde Karl-Marx-Stadt in Chemnitz zurückbenannt, und der Leipziger Bürgerverein gründete sich neu. Auf der vorletzten Montagsdemonstration in Leipzig, am 5. März 1990, stellten sich die Spitzenkandidaten der Parteien und Gruppierungen für die Volkskammerwahl vor.

Für diese Volkskammerwahl am 18. März 1990, dem Jahrestag des Einzugs der frei gewählten Abgeordneten in die Frankfurter Paulskirche im Jahr 1848, ermöglichte das Wahlgesetz nicht nur Parteien, sondern auch politischen Initiativen oder Listenverbindungen zu kandidieren, was in Verbindung mit einem reinen Verhältniswahlrecht ohne Sperrklausel zu einer vielgestaltigen Volkskammer führen sollte. Diese beschloss im August mehrheitlich den Beitritt der DDR zur Bundesrepublik Deutschland.

Die Runden Tische wurden erst aufgelöst, als unumkehrbar neue Amtsträger in den Ämtern und Ministerien ihre Arbeit aufgenommen hatten. Am 26. Juli 1990 kam das »Sächsische Forum« zu seiner ersten Beratung zusammen. In ihm setzten die Runden Tische überbezirklich ihre Arbeit fort. Forumsleiter Erich Iltgen erklärte die Aufgabe des Forums damit, »vorhandene demokratische Defizite von unten nach oben« aufzufüllen und so »Basisdemokratie in die Zukunft des Landes Sachsen einzubringen«.

Neben der Umwandlung der DDR-Diktatur in ein rechtsstaatliches und demokratisches Gesellschaftssystem musste ordnungspolitisch auch die zentralgelenkte Planwirtschaft in eine soziale Marktwirtschaft transformiert werden. Die deutsche Wiedervereinigung gestaltete sich nach Art. 23 des Grundgesetzes – als Beitritt – und nicht nach Art. 146, was bedeutet, dass es keinen gesamtdeutschen Neuanfang gab.

Der Beitritt Sachsens zur Bundesrepublik Deutschland per Annahme des

Grundgesetzes und durch den Einigungsvertrag, wurde am 3. Oktober 1990 auf der Albrechtsburg in Meißen, dem Ursprungsort sächsischer Geschichte, gefeiert. Es war der Beitritt zum Grundgesetz der Bundesrepublik Deutschland. In deren Art. 20 Abs. 1 ist die verfassungsgestaltende Grundentscheidung für die Demokratie als Staatsform niedergeschrieben.

Demokratisierungs- und Liberalisierungs-
gewinne von der Deutschen Einheit bis heute

Die CDU gewinnt alle Landtagswahlen, Sachsen wird Musterland, aber nicht der Demokratie

Die Landtagswahlen am 14. Oktober 1990 gewann die CDU mit absoluter Mehrheit. Sie warb klassisch um ihre Wähler: »Sachsen besitzt eine jahrhundertealte staatliche und kulturelle Tradition. [...] Freiheit und Demokratie sind trotz wiederholter Unterdrückung [...] im Bewusstsein der Sachsen tief verwurzelt geblieben. In den spontanen Demonstrationen im Herbst 1989 haben diese Ideale gerade in den Städten Sachsens die Umbruchbewegung getragen.«[65] Aber wie sollte es nach Ansicht der CDU mit Sachsen weitergehen?

Mit der Konstituierung des sächsischen Landtages am 27. Oktober trat Sachsen in eine bis heute anhaltende demokratische Phase ein. Wie bereits im Jahr 1919 nannte sich Sachsen künftig »Freistaat«, und mit Kurt Biedenkopf wurde am 8. November 1990 ein westdeutscher CDU-Politiker zum Ministerpräsidenten gewählt. Seine ebenfalls aus Westdeutschland stammende sozialdemokratische Widersacherin Anke Fuchs konnte im Wahlkampf nicht an die starken Traditionsstränge der sächsischen Sozialdemokratie anknüpfen. Und trotzdem verlor die SPD auch anschließend weiter an Zustimmung. Charismatische Einzelgänger wie der Abgeordnete Karl Nolle konnten jedoch eine überregionale Wirkung erzielen.

Der Theologe Wolfgang Ullmann, welcher 1990 für Bündnis 90 in Sachsen auf Listenplatz Nummer eins zur ersten gesamtdeutschen Bundestagswahl kandidierte, sagte wenige Tage nach der Amtsübernahme Biedenkopfs in einem Zeitungsinterview: »Unsere Aufgabe ist es, diese Bürgerbewegungen als einen Teil eines neuen politischen Alltags zur Geltung zu bringen, damit eben auch als neues Element des hier vorhandenen Demokratieverständnisses. Die funktionierende parlamentarische Demokratie wollen wir anreichern um die Erfahrungen, die wir in der DDR gemacht haben.«[66] Vor allem die CDU wiederum war der Ansicht, dass mit den nun geltenden bürgerlichen Freiheitsrechten und dem Beitritt zum Grundgesetz die Bürgerrechtsbewegung ihre Daseinsberechtigung verloren hätte. Gerade in Sachsen gelang es aber herausragenden Personen der DDR-Opposition und Friedlichen Revolution, in den neuen politischen Strukturen des Freistaates wichtige Funktionen einzunehmen. Fast alle Mitglieder des Christlichen Umweltseminares in Rötha beispielsweise wurden, auffällig oft für die CDU, Bürgermeister, Staatsminister oder Regierungspräsident.

Ministerpräsident Biedenkopf schrieb dazu passend am 19. Februar 1992 in sein Tagebuch: »Genau darum geht es letztlich. Wir wollen die Revolution fortführen, die mit der Überwindung der Mauer begonnen hat und die ins Leere zu laufen droht, weil die alte Bundesrepublik sich weigert, die Auswirkungen der Einheit zu akzeptieren.«[67] Tatsächlich ignorierte aber die nach der deutschen Einheit gegründete gemeinsame Verfassungskommission von Bundestag und Bundesrat, die laut Einigungsvertrag eine Neufassung des Grundgesetzes erarbeiten sollte, die allermeisten der Hunderttausenden an sie gerichteten Zuschriften. Viele von ihnen betrafen plebiszitäre Elemente, Wege zu mehr Bürgerbeteiligung, die von vielen als Vermächtnis der Friedlichen Revolution gesehen wurden.

Die Opposition wurde von der christdemokratischen Regierung, der FDP und anderen politisch in einen demokratischen Teil, die SPD, und einen undemokratischen, die PDS gespalten. Eine für die Demokratie notwendige wirksame Opposition war damit ausgeschaltet. Aber bereits am 12. November 1992 schrieb Biedenkopf in sein Tagebuch: »Wir sprechen anschließend über den Zustand unserer Eliten in Ost und West und über die Notwendigkeit, den früheren SED-Mitgliedern eine Gelegenheit zu geben, sich wieder aktiv an der Gestaltung des Landes zu beteiligen. Mir scheint der Zeitpunkt dazu noch nicht gekommen. Ich erwarte jedoch von unserem politischen Programm in Sachsen eine erste Öffnung der politischen Diskussion auch in diese Richtung. Der Übergang von der derzeit herrschenden Ausgrenzung zu einer neuen Form der Einbeziehung muss fließend sein.«[68] Im Anschluss an die Bundestagswahl des Jahres 1998, die für die CDU verlorenging, schlug der designierte CDU-Vorsitzende Wolfgang Schäuble eine Öffnung seiner Partei zu SED-Mitgliedern hin vor. Gerade aus der sächsischen CDU wurde dies weitgehend abgelehnt.

Ebenfalls in Biedenkopfs Tagebuch findet sich unter dem Eintrag vom 4. Juli 1992 folgende Passage: »Die Frankfurter Rundschau hatte kürzlich ein Gespräch über organisierte Kriminalität und ihre Bekämpfung im Blatt. Mir fiel auf, dass man das Phänomen fast ausschließlich polizei- und strafrechtsorientiert erörterte. Keine Nachfrage an die Möglichkeit, dass die ständig fortschreitende Emanzipation und eine falsch – da verantwortungsfrei – verstandene Liberalität Ursachen für eine fortschreitende Schwäche des Rechtsstaates sein könnten.«[69] Mit diesem Politikansatz begann im Jahr 1993 die gescheiterte Bewerbung des sächsischen Justizministers Steffen Heitmann um das Amt des CDU-Bundespräsidentenkandidaten. Der konservative Kirchenjurist aus dem Osten, der mit Äußerungen zur Nation, Multikulturalität und Rolle der Frau auch der westdeutschen Öffentlichkeit deutlich machte, dass die CDU in Sachsen nicht mehr Angelegenheit ehemaliger DDR-Blockparteimitglieder war, wurde überwiegend aus Westdeutschland unterstützt.

Ein kulturkonservativer Tenor war in Sachsens Politik nach der Aufbruchsstimmung der Friedlichen Revolution somit nachhaltig etabliert. Er wurde auch am Leben gehalten durch bis dahin in Sachsen nicht gekannte Auswüchse der Marktwirtschaft. In vielen anderen Punkten wurde es hingegen zu einem ostdeutschen Musterland – mit seiner Schul-, Haushalts- und Ansiedlungspolitik. Der westdeutsche Immobilieninvestor Jürgen Schneider wiederum kaufte nach der Friedlichen Revolution unter anderem Specks Hof in Leipzig, sanierte ihn spekulativ auf Luxusniveau und riss im Frühjahr 1994 mit dem Bankrott seines Firmenimperiums viele für ihn arbeitende sächsische Handwerksfirmen in den Ruin. Sachsen hatte eine erste regionale Erfahrung mit der Spekulation gemacht. Weit größere sollten innerhalb des kommenden Vierteljahrhunderts folgen. Der Präsident des Deutschen Bauernverbandes, Constantin Heereman von Zuydtwyck, schrieb dazu passend 1996 unter dem Titel »Deutschland als Kulturaufgabe« in dem Buch »Burgen, Schlösser, Gutshäuser in Sachsen«: »Die abstrakten Marktwirtschaftler übersehen jedoch nicht nur das für die Demokratie lebenswichtige Machtproblem, das sich durch Kapitalkonzentration verschärfen kann. Sie übersehen im Zeitalter des Freihandels noch viele andere Probleme, die einem fairen Wettbewerb im Wege stehen, der zu einer sozialen und umweltverträglichen Weltmarktwirtschaft gehört.«[70] Tatsächlich war Macht nicht mehr wie zur Zeit der Markgrafen in Institutionen konzentriert, sondern zirkulierte und transformierte sich in Form von Information und Kapital in globalisierten

Netzwerken. Während der Finanzkrise 2007 sollten die Sachsen dies mit ihrer kollabierenden Landesbank noch einmal zu spüren bekommen.

Anfang 2002 erklärte Kurt Biedenkopf, nach nicht enden wollenden Berichten über finanzielle Vergünstigungen, Putzfrauenaffären, IKEA-Rabatte und die auch seinetwegen gespaltene sächsische CDU seinen Rücktritt. Ihm folgte am 18. April, gegen Biedenkopfs Willen, Georg Milbradt. Viele Kritiker Biedenkopfs sehen in seinem autoritären Amtsverständnis, das sich auch in den Umständen seines Amtsendes ausdrückte, einen Niedergang der Demokratie in Sachsen angelegt. Viele Medien schrieben bereits zuvor und rund 90 Jahre nach der Abdankung des letzten Wettiners von »König Kurt«, wogegen sich Biedenkopf kaum wehrte. Der SPD-Politiker Karl Nolle sah in den Sachsen gar »Versuchskaninchen für die vordemokratische Feudalmentalität eines kleinkarierten Regentenehepaares« und sein Fraktionsvorsitzender Thomas Jurk in Biedenkopfs Abgang gar den Übergang Sachsens von der Monarchie zur Demokratie.

Rechtspopulismus und Demokratiedefizite prägen das mediale Bild Sachsens

Am 19. September 2004 verlor die CDU bei den Landtagswahlen ihre absolute Mehrheit, während die rechtsextreme NPD mit zwölf Abgeordneten in den Landtag einzog. Der CDU-Fraktionsvorsitzende Fritz Hähle kommentierte: »War diese Demokratie nun schon wieder in Gefahr? Ich meinte: Nein! Aber wir müssen wachsam sein. Zu den uns bekannten Feinden der Demokratie von Linksaußen sind jetzt auch die von Rechtsaußen sichtbar und spürbar geworden.«[71]

Zwar war die bundesdeutsche Demokratie von ihrer Gründung an durch Rechtsextreme, teilweise auch rechtsextreme Terroristen herausgefordert. Für Sachsen war die Parlamentspräsenz der NPD aber eine Neuigkeit. Tatsächlich wurde es ungemütlicher. Erstmals musste die CDU in Koalitionsverhandlungen eintreten, was der Demokratie im Lande sicher zuträglich war. Aber die Dauer-Regierungspartei geriet unter dem Bundesvorsitz von Angela Merkel zeitgleich auf politisch neues Terrain. Ihre sukzessive Abwendung vom rechtskonservativen Milieu ist mit den Stationen Leitkulturdebatte und Flüchtlingskrise 2015 grob umrissen. Den politischen Raum rechts von ihr besetzte seit 2004 nicht nur im Landtag die NPD, seit 2013/14 die AfD.

Die auf manchen Transparenten der Friedlichen Revolution mit »Ja zur Volksherrschaft« eingeforderte direkte Demokratie griff die NPD nun von rechts auf und beantragte im Landtag eine Debatte »Volksherrschaft durchsetzen! – Ja zur Direktwahl des Bundespräsidenten«, in der ein NPD-Abgeordneter den Parlamentarismus als »*Karikatur einer Volksherrschaft*« bezeichnete. Am 12. Januar 2005 erklärten die fünf Fraktionsvorsitzenden der Parteien links von der NPD, dass sie beabsichtigten, die Wähler der NPD für die demokratische Wertegemeinschaft zurückzugewinnen. Zu diesem Zweck wollten sie eine erfolgreiche sachorientierte Regierungsarbeit und eine konstruktive Opposition pflegen. Die sächsische CDU orientierte sich gesellschaftspolitisch außerdem zukünftig eher an der bayerischen CSU als an dem liberaleren Kurs der Bundespartei. Im November 2005 stand beispielsweise auf ihrem Parteitag ein Antrag zur Abstimmung, der das regelmäßige Hissen der Nationalfahne vor Schulen anordnen und die Nationalhymne in den Lehrplan aufnehmen lassen wollte. Die Begründung dafür war ein »negativer Nationalismus«, der das Land lähme, obwohl Deutschland wie kaum ein anderes Land die Welt bereichert hätte. Die Lektüre des Grundgesetzes allein versetze die Deutschen nicht in »positive Wallung«.

Am 14. April 2008 verkündete Georg Milbradt, dass er Ende Mai sein Parteivorsitzenden- wie auch Ministerpräsidentenamt abgeben wolle, das am 28. Mai Stanislaw Tillich übernahm. Der stand weniger als ein halbes Jahr später wegen seiner Blockpartei-Vergangenheit unter starkem Beschuss – nicht das erste sächsische Beispiel für eine ins Jakobinische driftende Öffentlichkeit, die von jedem politischen Amtsträger um den Preis der Verdammung die Transparenz seiner Vergangenheit und Gegenwart fordert.

Am 9. Oktober des Jahres 2009, dem 20. Jahrestag der großen Demonstration während der Friedlichen Revolution, fand in Leipzig der 1. »Markt für Demokratie« statt. Organisiert vom Verein »Mehr Demokratie in Sachsen« warben Initiativen und Vereine für mehr bürgerliches Engagement. Im darauffolgenden Jahr geriet die Verleihung des sächsischen Förderpreises für Demokratie zum Eklat, weil das Alternative Kultur- und Bildungszentrum Sächsische Schweiz (Akubiz) den Preis für seinen Einsatz gegen Rechtsextremismus nicht annahm. Grund dafür war eine von der Landesregierung eingeführte Extremismusklausel, die Anträgen für das Förderprogramm »weltoffenes Sachsen« beizufügen war und in der man bestätigte, dass man weder links- noch rechtsextreme Bestrebungen unterstütze. Eine bundesweite Öffentlichkeit wandte sich gegen diese Klausel, während der sächsische CDU-Generalsekretär Michael Kretschmer sie mit den Worten »Wer ein Bekenntnis zu unserer Verfassung ablehnt, hat in der politischen Bildung und Jugendarbeit nichts zu suchen«[72] rechtfertigte. Die Klausel verschwand wieder.

In der sächsischen Verfassung, wie auch im Grundgesetz, ist mit dem Satz »Gegen jede Person, die es unternimmt, die verfassungsmäßige Ordnung zu beseitigen, haben alle Bürger das Recht zum Widerstand, wenn andere Abhilfe nicht möglich ist« das Widerstandsrecht verbürgt. Der damalige Fraktionschef der Linkspartei, André Hahn, nahm mit anderen am 13. Februar 2010 an der Blockade eines Neonazi-Aufmarsches in Dresden teil. Er legte anschließend Berufung gegen die Einstellung eines deshalb gegen ihn eröffneten Verfahrens gegen eine Geldauflage ein und berief sich einmal mehr auf das Widerstandsrecht. Das Verfahren wurde letztendlich eingestellt. Im darauffolgenden Jahr sagte der Sprecher der Gewerkschaft der Polizei, Rüdiger Holecek, wieder aus Anlass des Gedenkens am 13. Februar: »Nicht der Aufzug einer Minderheit gefährdet die Demokratie, sondern die Beschneidung der Meinungsfreiheit.« Die Blockierer wie Hahn würden der Demokratie einen Bärendienst erweisen, wenn sie die Demonstrierenden in die Märtyrerrolle drängten. Er führte aus: »Es gibt kein Widerstandsrecht, wie die Blockierer behaupten.« Im Kern dieser und ähnlicher Debatten wurde nicht nur in Sachsen diskutiert, ob Rechtsradikale oder später die AfD in den demokratischen Konsens mit einzubeziehen oder präventiv als Verfassungsfeinde auszuschließen seien.

Am 19. Februar 2011 gab es wieder eine Demonstration in Dresden gegen einen geplanten Neonazi-Aufmarsch. Diesmal erhob das Landeskriminalamt Daten von 40.732 Telefonbesitzern, die sich zu dieser Zeit im Umfeld der Demonstration befanden, und registrierte darüber hinaus etwa 1 Million Kontaktdaten. Nach Ansicht vieler, vor allem der Mehrheit der Medien: ein Eingriff in die informationelle Selbstbestimmung der Betroffenen. Das Amtsgericht Dresden, welches zuvor die Abfrage der Handydaten genehmigt hatte, bestätigte später nach Klagen Betroffener die Rechtmäßigkeit dieser Aktion. Viele nannten Sachsen trotzdem bald eine »Halbdemokratie«. Bundestagsvizepräsident Wolfgang Thierse von der SPD, der sich unter den Demonstranten befand, sagte anschließend: »Die Polizei ist eben vollauf damit beschäftigt, die Neonazis zu schützen. [...] Das ist sächsische Demokratie.« Ein hoher sächsischer Polizeibeamter zeigte ihn dafür an. Die Grünennahe Heinrich-Böll-Stiftung veranstaltete am 20. Januar 2012 eine Tagung unter dem Titel »Sachsens Demokratie? – Demokratische Kultur und Erinnerungskultur, Medienlandschaft und Überwachungspolitik in Sachsen«. Aber das Stigma haftete bereits fest. Sachsen war bundesweit und nachhaltig als nur eingeschränkt demokratisch gebrandmarkt. Grund dafür war vor allem, dass hier eine rechtsradikale Minderheit – ungeschminkt wie sonst nirgends – gegen Symbole der demokratischen Grundordnung, Ausländer, Politiker oder schlicht Andersdenkende auftrat. Die mediale Schelte für Ostdeutsche wurde im Kern immer mehr zur Schelte für Sachsen.

Ab Herbst 2014 wurde diese Zuschreibung endgültig virulent. Anfangs stand eher der aus Sachsen stammende und der CDU angehörende Chef der Gewerkschaft Deutscher Lokomotivführer, Claus Weselsky, wegen seines harten Lokführerstreiks in den bundesweiten Schlagzeilen. Die »Bild«-Zeitung veröffentlichte die Telefonnummer seines Büros, »Focus Online« gab Hinweise auf seine Leipziger Wohnung. Das vom Grundgesetz verbriefte Streikrecht überlässt aber den Tarifparteien die Wahl der Waffen für die Auseinandersetzung und Weselsky nannte im Interview mit der »Zeit« Martin Luther sein Vorbild.[73] Anschließend eroberte für die kommenden Jahre die Dresdner Bewegung »Patriotische Europäer gegen die Islamisierung des Abendlandes« (PEGIDA) die Schlagzeilen – bundesweit angeheizt durch die ab dem Sommer 2015 auch Sachsen erreichenden Flüchtlingsströme. Deren Eintreffen geriet zum bundesweiten innenpolitischen Grundkonflikt. Vor allem, weil der Deutsche Bundestag den in der Bevölkerung weitverbreiteten Unmut gegen das Willkommenheißen von Hunderttausenden muslimischer Flüchtlinge parlamentarisch nicht aufnahm oder nur partiell abbildete. Der damals an der Universität Dresden lehrende Politikprofessor Werner Patzelt formulierte, anstelle der unisono auftretenden Bundestagsparteien, diesen Unmut in unterschiedlichen Medien. Er überließ die mediale Interpretation der kritischen Aspekte der Zuwanderung nicht allein Rechtsextremen und übernahm so eine wichtige Funktion in der öffentlichen demokratischen Artikulation politischer Befindlichkeiten. Er trug ins Fernsehen, was sich massenhaft artikulierte, aber nicht den Weg in den Bundestag fand. Es genügte nicht. Die ausbleibende demokratische Debatte über das Für und Wider der Willkommenskultur führte zur Wiederbelebung der als Anti-Euro-Splitterpartei gestarteten AfD als Anti-Flüchtlingspartei mit bundesweit zweistelligen Wahlergebnissen.

Bei der Bundestagswahl des Jahres 2017 wurde sie knapp vor der CDU sogar stärkste Partei in Sachsen. Für viele Beobachter stand deshalb die Demokratie in Sachsen auf dem Spiel, vor allem nach den Unruhen im Sommer des Jahres 2018 in Chemnitz, die auf die Ermordung eines Jugendlichen, mutmaßlich durch Flüchtlinge, folgten. Ministerpräsident Kretschmer verteidigte sein Bundesland mit den Worten: »Die Mehrheit steht für Demokratie«.

Im Frühjahr des Jahres 2019 beschrieb die ehemalige Fraktionsvorsitzende von Bündnis 90/Die Grünen im Sächsischen Landtag, Antje Hermenau, in ihrem Buch »Ansichten aus der Mitte Europas« die Problematik aus ihrer Perspektive. Mittlerweile nicht mehr Grünen-Mitglied, sondern Geschäftsführerin der Freien Wähler in Sachsen, erklärte sie einerseits die Aufregung um die Demokratiedefizite Sachsens mit der moralisierenden Sicht westdeutsch dominierter Eliten in Politik und Medien. Sachsen, so Hermenau andererseits, würden mehrheitlich aber demokratisch wählen und agieren, Westdeutsche jedoch kein Gefühl für mittel-osteuropäische Problemlagen wie in Sachsen, Tschechien oder Ungarn haben und stattdessen auf die Bindung an den Westen, speziell Westeuropa, setzen. Dort, und das ist das Bedenkenswerte an Hermenaus Argumentation, ähneln aber in den größten Nationen unter anderem die auf Hermenaus Buch folgenden Europawahlergebnisse rechtspopulistischer Parteien des Jahres 2019 eher denen in Sachsen als jenen in Westdeutschland. Im europäischen Rahmen erscheint somit Westdeutschland mit seinen stark grün-liberalen Wahlergebnissen als Sonderfall, während es im nationalen Rahmen Ostdeutschland ist, und hier besonders Sachsen.

Direkte Demokratie als Chance zur Belebung der politischen Partizipation

Die Sächsische Verfassung sieht auf kommunaler und Landesebene die Möglichkeit von Bürger- und Volksentscheiden vor. Direkte Demokratie war ursprünglich ein eher linkes Anliegen, neuerdings wird sie vor allem von rechten Parteien gefordert. Gab es vor 1990 nur in Baden-Württemberg Bürgerbegehren und Bürgerentscheide auf kommunaler Ebene, haben seitdem alle Bundesländer Elemente direkter Demokratie auf kommunaler Ebene eingeführt. Bundesverfassungsgerichtspräsident Roman Herzog sprach sich im April 1991, anlässlich der Konstituierung der Verfassungsreform-Kommission des Bundesrates, für mehr direkte Demokratie in der zukünftigen deutschen Verfassung aus.

Im Jahr 2001 plädierte eine Mehrheit in Sachsen in einem Volksentscheid für eine kommunale Struktur der Sparkassen. Den Volksentscheid, der sich für die Auflösung der Landesbank Sachsen aussprach, unterlief die Regierung durch ein neues Gesetz. Das sächsische Verfassungsgericht ließ im Juli 2002 außerdem das Volksbegehren »Zukunft braucht Schule« zu, das im Erfolgsfall für den Landeshaushalt zu Mehrbelastungen geführt hätte. Dies rührt aber an das bereits in der Weimarer Verfassung verankerte Finanztabu, welches sowohl im Grundgesetz als auch der Landesverfassung festschreibt, dass Steuern, aber auch Besoldungsregeln oder das Haushaltsgesetz, nicht von einem Volksentscheid beeinflusst werden dürfen. Im Jahr 2003 lag Sachsen beim »Volksentscheid-Ranking« von »Mehr Demokratie e. V.« der Bundesländer auf dem dritten Platz.

Das Gesicht der direkten Demokratie in Sachsen ist sehr bunt. Im Streit um die Waldschlösschenbrücke argumentierten im Jahr 2008 sowohl Gegner wie auch Befürworter mit direkter Demokratie. Anfang 2015 spaltete sich beispielsweise eine Gruppe von Pegida ab und gründete wiederum den Verein »Direkte Demokratie für Europa«. Aber auch Pegida fordert direkte Demokratie auf Bundesebene durch Volksentscheide. Bis Ende 2017 gab es in Sachsen 243 kommunale Bürgerbegehren. Etwa 100 scheiterten, unter anderem, weil Formfehler vorlagen. Der Sachsen-Monitor bilanzierte Ende 2018, dass zwar fast drei Viertel aller Sachsen mehr direkter Demokratie befürworteten, aber nur eine Minderheit sich auch daran beteiligen würde. Es bleibt somit fraglich, ob direkte Demokratie ein geeignetes Mittel zur Revitalisierung demokratischer Prozesse ist.

Unmittelbar an das Verfahren der direkten Demokratie schließt der ewige Widerspruch zwischen der Identitäts- und der Konkurrenztheorie der Demokratie an. Geht das Identitätsmodell von der Identität von Regierten und Regierenden aus, basiert die Konkurrenztheorie auf der Annahme, dass eine demokratische Gesellschaft immer aus konkurrierenden Interessengruppen besteht. Die Identitätstheorie setzt einen allgemeinen Volkswillen voraus, der sich gegen das Machtmonopol herrschender Eliten wendet. Das Konkurrenzmodell geht hingegen von einer pluralen Gesellschaft aus, in der im freien und demokratischen Spiel der Kräfte Vertreter von Partikularinteressen um die Mehrheit in der Öffentlichkeit oder in einem Parlament ringen.

Deshalb gibt es im Konkurrenzmodell, im Gegensatz zum identitären Ansatz, eine demokratisch notwendige Opposition.

Diese bekommt die sächsische Landesregierung besonders zu spüren, auch indem ihr nicht nur Pegida-Demonstranten identitäts-demokratisch »Im Namen des Volkes« entgegentreten. Längst antwortet die Landesregierung nicht mehr ähnlich anmaßend oder im Namen aller Sachsen. Sie begibt sich in einen Dialog mit der Bevölkerung. CDU-Ministerpräsident Michael Kretschmer suchte mit einer »Sachsengespräch« genannten Tournee durch sämtliche Landkreise und kreisfreien Städte im Wahljahr 2019 das Gespräch. Im Juni des Jahres 2019 stellte er im Ergebnis dieses Austauschs für den Fall des Wahlsieges seiner Partei einen direktdemokratischen »Volkseinwand« gegen sämtliche vom Landtag verabschiedeten Gesetze, mit Ausnahme des Haushaltsgesetzes, in Aussicht.

Frauen- und Minderheitenrechte als Gradmesser der Demokratie

Wie aber steht es um Gradmesser der Demokratie wie Minderheiten- oder Frauenrechte? Die Gruppenrechte von Minderheiten sind in der sächsischen Landesverfassung festgeschrieben. Aber obwohl sich gerade Sorben in Deutschland seit langem darum bemühen, gibt es im Grundgesetz keinen Minderheitenartikel. Eine Zweidrittelmehrheit kam für diese Idee nie zustande. Parlamentarier konnten sich nicht zwischen den gruppenrechtlichen und den menschenrechtlichen Ansätzen der Problematik entscheiden. Letztere entspringen der Aufklärung und sehen die Menschenwürde mit ihrem Diskriminierungsverbot als ausreichend an, auch weil das Grundgesetz lediglich Individualrechte garantiert. Im Jahr 2008 wurde mit Stanislaw Tillich ein Sorbe sächsischer Ministerpräsident. Das war für viele Sorben aber lediglich ein symbolisches Zeichen. Die Gruppe »Serbski Sejm« plant, gegen die Domowina (Bund Lausitzer Sorben) die Wahl einer Volksvertretung für Sorben und Wenden zu erreichen. Ihr Sprecher Martin Walde sagt: »Dass man Sorben ein Demokratie- und Selbstbestimmungsrecht verwehrt, ist ein Verstoß gegen das Grundgesetz.«

Andere Minderheiten verfolgen andere Ziele. Gerade durch die Zuwanderung von Juden aus der früheren Sowjetunion kam Mitte der 1990er-Jahre, und damit erstmals nach dem Zweiten Weltkrieg, in Ostdeutschland die Frage nach dem Bau neuer Synagogen auf. Der erste Synagogenneubau Ostdeutschlands wurde anschließend 2001 in Dresden errichtet. Etliche Marksteine, wie der Streit um das sächsische Gedenkstättengesetz Anfang des »Lessing-Jahres« 2004, markierten aber die Schwierigkeiten für jüdisches Leben in Sachsen wie auch den Umgang mit dem Gedenken an den Holocaust. Der Zentralrat der Juden befürchtete, wenige Monate nachdem der hessische CDU-Bundestagsabgeordnete Martin Hohmann die Juden als »Tätervolk« bezeichnet hatte, dass mit dem Gedenkstättengesetz die fundamentalen Unterschiede zwischen dem Mord an den Juden und der SED-Diktatur eingeebnet würden. Er trat aus dem Rat der sächsischen Gedenkstätten aus. Viele zivilgesellschaftliche Organisationen, aber auch die Kirchen setzen sich zunehmend kritisch mit ihrer antisemitischen Vergangenheit auseinander. Ende des Jahres 2016, unmittelbar vor dem Reformationsjubiläum, wurde in der Taborkirche in Kleinzschocher die kritische Ausstellung »Ertragen können wir sie nicht – Martin Luther und die Juden« gezeigt. Im April des Jahres 2019 führte Sachsen zum kommenden Schuljahr an zuerst drei Grundschulen in Chemnitz, Leipzig und Dresden jüdischen Religionsunterricht ein. Als gleichwertiges Schulfach neben katholischer und evangelischer Religion sowie Ethik signalisiert es der jüdischen Gemeinde in Sachsen Gleichheit, zumal der Unterricht auch Nicht-Juden offensteht. Neben dieser vollständigen rechtlichen Gleichstellung jüdischer Mitbürger existiert das Problem des Antisemitismus weiter. Seit dem Jahr 2019 hat Sachsen einen Beauftragten der Sächsischen Staatsregierung für das Jüdische Leben.

Für sexuelle Minderheiten gibt es seit 2017 in Sachsen einen Landesbeauftragten. Wie bereits knapp 100 Jahre zuvor von Bebel gefordert und 1968 von der DDR eingelöst, wurde am 11. Juni 1994 § 175 StGB aus dem Strafgesetzbuch gestrichen. Obwohl sieben Jahre nach der Aufhebung des Paragrafen 175 Sachsen und Thüringen als erste Bundesländer Verfassungsklage gegen das Gesetz zur eingetragenen Lebenspartnerschaft einreichten, beschloss das Land, nachdem im Sachsen-Monitor eine starke Minderheit von 32 Prozent der Befragten homosexuelle Beziehungen für »unnatürlich« hielten, den zehn Jahre alten Orientierungsrahmen für den Sexualkundeunterricht zu reformieren. Familie bedeutet nun nicht mehr lediglich die Verbindung zwischen Frau und Mann, sondern jede Form von Lebensgemeinschaft von einem oder mehreren Erwachsenen mit einem oder mehreren Kindern. Im September 2017 legte die Landesregierung einen Aktionsplan zur Vielfalt von Lebensweisen auf. Die Pfarrer und Kirchenvorstände der sächsischen Evangelisch-Lutherischen Landeskirche dürfen seit diesem Jahr auch selbst entscheiden, ob sie ein homosexuelles Paar segnen oder nicht.

Knapp die Hälfte (57 Prozent) der Sachsen hatte laut Sachsen-Monitor 2018 Vorbehalte gegen Sinti und Roma. Diese wurden durch die Brände in zwei auch von Sinti und Roma bewohnten Häusern in Plauen im Jahr 2018 nicht geringer. Das Wort »Zigeuner« hat sich außerdem auf der konservativ-rechten Seite des politischen Spektrums als pejorative Gruppenbezeichnung wieder etabliert.

Leipzig war der Hauptwirkungsort von Louise Otto Peters. Dort veranstalteten Ende März 1994 unterschiedliche Frauenvereine, in Zusammenarbeit mit der Louise-Otto-Peters-Gesellschaft, Gedenkveranstaltungen zum 150. Geburtstag der Frauenrechtlerin. Neben ihrem nicht mehr am Originalstandort befindlichen Denkmal steht in Leipzig auch ein Denkmal für Clara Zetkin, die zwar für Frauenrechte aber nicht für eine demokratische Gesellschaftsordnung kämpfte und nach der in Sachsen seit DDR-Zeiten etliche Straßen benannt sind. Das Wohnhaus der jüdischen Frauenrechtlerin Henriette Goldschmidt in Leipzig hingegen fiel Baumaßnahmen zum Opfer, obwohl es im Rahmen einer Stiftung für alle Zeiten der Frauenbewegung dienen sollte. Spätestens seit dem Mord an einer Ägypterin in einem Dresdner Gerichtssaal im Jahr 2009 werden in Sachsen die Frauenrechte regelmäßig entlang der Islamdebatte diskutiert. Nach den Ausschreitungen in Chemnitz im Spätsommer 2018 befragte die Frauenzeitschrift »EMMA« beispielsweise Chemnitzerinnen nach ihren Erfahrungen mit Flüchtlingen aus dem muslimischen Kulturkreis. Die Paritätsbewegung ist in Sachsen ähnlich stark wie in anderen Bundesländern. Die vollständige Gleichstellung der Frau nach ihrer Gleichberechtigung ist aber noch in weiter Ferne.

Eine neue relevante Minderheit sind seit einiger Zeit die Muslime in Sachsen. Dabei hat der Islam hier eine lange, wenn auch nicht direkt prägende Tradition. Es ist umstritten, ob der maurische Kaufmann Ibrahim ibn Jakub, der 965 eine islamische Gesandtschaft zu Kaiser Otto I. begleitet hatte, auf der Reise von Halle nach Prag alte böhmische Steige durch das Erzgebirge benutzte. Luthers Schrift »Wider die Türken« richtete sich weniger gegen die bezeichnete Volksgruppe als vielmehr den Islam als »heidnische« Religion. Im 17. Jahrhundert grassierte wiederum eine europaweite Türkenmode. Man legte sich türkische Gärten an, und auch das Kaffeetrinken wurde unter August dem Starken am sächsisch-polnischen Hof Teil des höfischen Zeremoniells. In der darauffolgenden Aufklärungszeit versuchten Leipziger Wissenschaftler unter Anwendung ihnen vertrauter Sprachen, wie dem Hebräischen, dem Arabischen und anderen orientalischen Sprachen, unterschiedliche Traditionen des Alten Testaments zu erforschen. Johann Gottfried Seume, Korrektor beim Verleger Göschen, der im Jahr der Französischen Revolution sein Jurastudium in Leipzig aufnahm, übersetzte hier »The Fair Syrian« von Robert Bage, das bei Göschen erschien. Der »Literarische Verein« in Dresden veranstaltete am 8. Januar 1884 einen Abend zum Thema »Wissenschaft und Islam«, und der Leipziger Baedeker-Verlag illustrierte in dieser Zeit lediglich seine Reisehandbücher über Ägypten und Palästina/Syrien mit Fotografien. Während des Ersten Weltkriegs wirkte der Schriftsteller Friedrich Wolf als Lazarettarzt in Dresden. Sein Koran-Drama »Mohammed« wies das Dresdner Theater im Jahr 1918 als zu konservativ zurück. Im Stil des expressionistischen Verkündigungsdramas wurde hier die Bekehrung eines Militärpatrioten zu einem pazifistisch gesinnten Weltrevolutionär abgehandelt. Der neue Mensch wurde geboren. Die nationalsozialistische Organisation »Kraft durch Freude« veranstaltete in den 1930er-Jahren Tagesausflüge wie »Die Welt des Islam in Berlin«. Wie die Nationalsozialisten, stand auch die DDR an der Seite der arabischen Bruderstaaten, wenn auch nicht immer. »An der TH Karl-Marx-Stadt begann das kommerzielle Studium am 31. August 1983 mit der dreieinhalbjährigen Ausbildung von 154 Libyern in Fertigungsprozessgestaltung und sozialistischer Betriebswirtschaft. Da diese Studenten Devisen brachten, hofierte man sie und duldete zum Teil schwerwiegende Eskapaden. So baute man einen Speise- und Küchentrakt an das in Rekordzeit modernisierte Wohnheim Thüringer Weg 3 an, damit die libyschen Studenten ›islamisches‹ Essen zu sich nehmen konnten. Die Libyer bedankten sich für derlei Aufmerksamkeit auf häufig sehr unkonventionelle Art und Weise. Es kam zu Reibereien mit dem Wohnheimpersonal, hin und wieder wurden Wünsche mit Drohungen versucht durchzusetzen oder man ließ den studentischen Arbeitsplatz einfach im Stich und kehrte nach der Heimreise zum Ramadan einfach nicht mehr zurück. Teilweise berührten die wechselseitigen Animositäten sogar den sensiblen Bereich der Ideologie. Die libyschen Studenten waren schriftlichen Hinweisen oft nur dann zu folgen bereit, wenn sie in islamischem Grün gehalten waren, ›kommunistisches‹ Rot wurde dagegen durch Nichtbeachtung bestraft. Die große Hilflosigkeit, die die DDR-Betreuer zum Teil im Umgang mit den renitenten Devisenbringern

aus dem Orient befallen haben musste, zeigte sich in solchen absurden Vorschlägen wie: ,Um die Verschmutzungen um das Haus herum in Grenzen zu
halten, schlage ich vor, in diesem Gelände eine ganze Reihe von großen Gha-
daffi-Bildern aufzustellen, da die Libyer ihn so sehr verehren, dass sie selbst
in seiner Gegenwart für Ordnung sorgen.«[74] Derlei kritische Stimmen, viele
nennen sie islamophob, begleiten Muslime aller Orten. In dem im Jahr 2006
herausgegebenen Buch »Parteien in Sachsen« ist zu lesen:
»Es gibt zunehmend auch religiöse Formen des Extremismus, die der
gängigen Links-Rechts-Dichotomie widerstreiten. Sie propagieren die Einheit von Religion und Staat, sagen dem weltanschaulich neutralen Staat den
Kampf an. Die bekannteste Variante dieser Form des Extremismus ist der is-
lamistische Fundamentalismus, der in Sachsen keine Rolle spielt.«[75] Dies hat
sich geändert, und der Islamismus hat sich als religiöse Protestbewegung
neben den rechtsnationalistischen Protestbewegungen auch in Sachsen etabliert. Der Plauener Pfarrer Thomas Küttler, mitverantwortlich für die erste
Massendemonstration in der DDR am 7. Oktober 1989, sagte in einer 2010 von
Eckhard Jesse und Thomas Schubert publizierten Vortragsreihe: »Der Westen ist hemmungsloser geworden, orientierungsloser, liberalistischer, auch
in ethischen und religiösen Fragen. Ein neuer Widerpart löst neue Ängste
aus, nicht mehr der atheistische Osten, sondern ein Religion und Macht
vermengender Islam.«[76]

Dem stehen nicht allein die Muslime in Sachsen, sondern auch sie unterstützende Parteien, Vereine und einzelne Bürger gegenüber. Diese Polarisierung könnte man unter demokratietheoretischen Gesichtspunkten begrü-
ßen. Gibt es doch klare Freund-Feindkonstellation, welche die Komplexität
des demokratischen Prozesses etwas reduzieren. Umfragen wie der Sachsen-Monitor zeigen aber regelmäßig, dass in unterprivilegierten sozialen
Gruppen Abstiegsängste und das fehlende Gefühl von Chancengleichheit
mit Ressentiments gegenüber Minderheiten korrelieren.

Eine ganz andere Minderheit jedoch hatte dieses Land von seinen Ur-
sprüngen an wesentlich mitgeprägt und wurde, mit Ausnahme der DDR-
Zeit, nie wirklich diskriminiert: Der Adel, mit dem dieses Buch beginnt und
unter dessen elitärem Machtvollzug in Sachsen die unterschiedlichsten sozialen Gruppen die Sozial- und Kulturgeschichte ihres Landes bis ins 19. Jahrhundert gestalteten. Er ist mittlerweile eine kaum noch privilegierte und sicher nicht mehr herrschende Minorität. Jenseits aller Macht fasste im Jahr

1996 Henning von Kopp-Colomb, damals Vorsitzender des Verbandes »Der Sächsische Adel e. V.«, die vergangenen 200 Jahre Demokratiegeschichte mit folgenden Worten zusammen: »Seit der Aufklärung und der Französischen Revolution ist Europa nicht zur Ruhe gekommen. Die Forderung Freiheit, Gleichheit, Brüderlichkeit hat die Menschen bewegt und Energien freigesetzt. Große Fehlentwicklungen wurden jedoch auch eingeleitet: Die Gleichheitsforderung (ohne Freiheit und Brüderlichkeit) hat zum Kommunismus geführt, zur Diktatur und Gleichmacherei auf ärmlichstem Niveau! Die Freiheitsforderung (aber ohne Gleichheit und Brüderlichkeit) hat zum Kapitalismus, zum ›Ellbogenkapitalismus‹ und zur Selbstverwirklichung geführt. Die ›soziale Marktwirtschaft‹ ist nur ein Feigenblatt. Sie ist inzwischen unbezahlbar geworden, fordert das Anspruchsdenken und ist letztlich nicht human, da Mitmenschlichkeit durch Geld abgelöst wird. Der Kommunismus ist zusammengebrochen, da er inhuman ist. Der Kapitalismus wird mit den Fragen der Zeit nicht mehr fertig. Die ökonomische Krise scheint kaum noch beherrschbar, schreckenerregende Destruktivkräfte werden freigesetzt und die gewaltigen ökologischen Probleme bleiben ungelöst.«[77] Im Jahr 2012 starb Albert von Sachsen, womit die albertinischen Wettiner im nachfolgeberechtigten Stamm als ausgestorben gelten.

Privilegierte, wie es sie früher im Adel gab, gibt es auch weiterhin. Superreiche hat Sachsen nicht. Das Bildungssystem führte in Sachsen zu einer bundesweit führenden Quote an Schulen in freier Trägerschaft. Nicht nur in Sachsen existiert daneben eine wachsende akademische Mittelschicht, die ihre globalisierte und weltoffene Lebensform zum verbindlichen Maßstab für ein gelingendes Leben erhebt. Sie findet sich wieder in teuren gentrifizierten und homogenisierten Stadtteilen, die ihrer »kosmopolitischen Offenheit« faktisch entgegensteht. Unterprivilegierte werden nicht durch einen abstrakten Kapitalismus, sondern durch diese Mittelschichten in die Plattenbauvororte verdrängt. Die Stadt Dresden verkaufte aber als erste Kommune in Deutschland im Jahr 2006 ihren gesamten Wohnungsbestand an einen Investor. Und so stiegen auch die Mieten in den Plattenbauvororten. Die Soziologin Cornelia Koppetsch verweist sowohl auf die in Wohnungsbaufragen versagende Politik wie auf die Neoliberalismus offiziell verabscheuenden, aber indirekt fördernden akademischen Mittelständler, die parallel den Kulturliberalismus feiern mit den Worten: Jede Wahrheit ist relativ.

Die sozial-räumliche Segregation ist gerade in Ostdeutschland besonders hoch. Die Verdrängung aber wird total, wenn formal eher wenig gebildete Arbeiter ihre Probleme, vor allem aber ihr Milieu repräsentativ-parlamentarisch nicht mehr abgebildet sehen, sondern nahezu ausschließlich Akademiker den politischen Diskurs dominieren. An diesem Demokratiedefizit setzen Rechtspopulisten gerade in Sachsen erfolgreich an. Die Europawahlergebnisse des Jahres 2019 legen außerdem nahe, dass in Sachsen wie auch anderen Ländern linksliberale Milieus die urbanen Zentren dominieren, während konservative und rechtspopulistische Parteien die ländlichen Milieus erobert haben. Diese Milieus werden gegeneinander immer undurchlässiger. Der Leipziger Soziologe Holger Lengfeld hat in einer europäischen Studie eine Zuspitzung zwischen Traditionalisten und weltoffenen Kosmopoliten herausgearbeitet. Es handele sich zwar nicht um zwei sauber trennbare Gruppen, bei Themen wie Zusammenleben der Kulturen oder Migration gebe es aber eine deutliche Spaltung. Das ist die nächste große Herausforderung für die sächsische Demokratie nach dem Nationalsozialismus, der deutschen Teilung und der innerdeutschen Ungleichheit.

Fazit und Ausblick

Sachsen ist nicht nur Mutterland der Reformation und Aufklärung, sondern auch der Bergfreiheit, der Arbeiterbewegung und der sich heute einer Renaissance erfreuenden Genossenschaftsbewegung. Es war aber auch Schauplatz größerer Entwicklungen wie des absolutistischen Deutschen Bundes, des Dritten Reiches oder der Deutschen Demokratischen Republik. Die Geschichte der Ausgrenzung von Minderheiten und Parteien in Sachsen ist länger und breiter als die Geschichte seiner Demokratie. Für die Demokratie in Deutschland aber floss sächsisches Blut.

Zu Demokratien und Diktaturen trugen Sachsen viel bei. Ohne die durch das Christentum – in Sachsen vor allem durch den Protestantismus – begründete personale Würde von Menschen sind Grundrechte nur schwer vorstellbar. Seit der Aufklärung sind nur noch Herrschaftsformen theoretisch und mehrheitlich legitimierbar, welche die Interessen vieler sozialer Gruppen berücksichtigen und mit einbeziehen. Gängige deutsche Sinnbilder für die Forderung der Französischen Revolution nach Freiheit, Gleichheit und Brüderlichkeit kommen heute aus Sachsen: Für Freiheit stehen die Leipziger Montagsdemonstrationen, für Gleichheit die aus Sachsen stammende Sozialdemokratie und für die Brüderlichkeit Winnetou und Old Shatterhand oder die Herrnhuter Brüdergemeine. Der erfolgreichste und bekannteste Demokrat Sachsens aber ist die Stadt Leipzig. Welche andere Monopole trug zur Demokratiegeschichte Deutschland so viel bei?!

Das mündige Bürgertum und die Demokratie entwickelten sich auch in Sachsen parallel. Mündige Bürger sind die Voraussetzung für eine funktionierende Demokratie. Und eine funktionierende Demokratie schafft sich ihre Institutionen. Während die erste sächsische Landesverfassung aus dem Jahr 1831 die konstitutionelle Monarchie etablierte und damit den König auf die Gesetzlichkeit verpflichtete, schaffte die zweite Verfassung von 1920 die Monarchie ab und etablierte die Republik. Die dritte Landesverfassung des Jahres 1947 war noch weitgehend demokratisch ausgehandelt und mit vielen demokratischen Elementen versehen worden, kam aber in der Diktatur nicht zum Tragen.

Die Friedliche Revolution des Jahres 1989 steht in der Tradition der bürgerlichen Revolutionen des 19. Jahrhunderts und vieler anderer Revolutionen, die eines eint: Sie haben Gesellschaftsordnungen und Systeme zum Besseren der Mehrheit ihrer Bürger verändert oder überwunden. In der Nähe der einzigen nach der Verfassungsgebung des Jahres 1831 von Sachsen errichteten Konstitutionssäule in Zwickau steht im Stadtzentrum heute das »Freiheits- und Einheitsdenkmal«.

Im September des Jahres 1991 sprach der Literaturwissenschaftler Hans Mayer in der Dresdner Semperoper. Hier verlangte er, nach Jahren des »Exils« vorübergehend in seine Wahlheimat Sachsen zurückgekommen, als ein herausragendes Ergebnis seines Nachdenkens über Kultur in Deutschland, das Grundgesetz dort wirksam zu machen, wo es Heimat hat: in den Ländern, den Gemeinden und nicht zuletzt den Menschen.

Mit dem Beitritt Ostdeutschlands zum Grundgesetz war aber weder für Ost- noch Westdeutschland die Demokratieentwicklung abgeschlossen. Die Demokratisierung des Wahlrechts ändert nichts daran, dass die Menschenwürde durch Kinderarmut genauso verletzt wird wie durch Kinderarbeit. Neue Herrschaftsverhältnisse werden immer wieder eingeübt, mit immer neuen Opfern. Das aktuelle Buch »Identität« von Francis Fukuyama, der vor Jahrzehnten unzutreffend den endgültigen Sieg der liberalen Demokratien prophezeite, trägt nunmehr den Untertitel »Wie der Verlust der Würde unsere Demokratie gefährdet«.

So wie Gutenberg der Reformation oder das Vereinswesen dem Bürgertum zur medialen Vorherrschaft verholfen hat, tut dies heute partiell das Internet mit Bewegungen von links und rechts. Oft sogar aus dem Gefühl politischer Machtlosigkeit heraus agieren viele immer freier und erfolgreicher in den digitalen politischen Räumen. Dass die CDU Sachsens bei der Europawahl des Jahres 2019 hinter der AfD nur zweitstärkste Kraft wurde, lag nicht allein an dieser, sondern auch an dem bis dahin in politischen Kreisen weitgehend unbekannten YouTuber Rezo, der in einem Video »Die Zerstörung der CDU« die Politik der CDU kritisch hinterfragte und beleuchtete.

Aber auch die politische Mitte besetzt dieses neue Medium. Im November 2018 feierte das Land Sachsen in einem Festakt im Dresdner Ständehaus die Ausrufung des Freistaats 100 Jahre zuvor. Der Ministerpräsident schrieb anlässlich dieses Feiertages, dass die Ausrufung des Freistaates den demokratischen Grundstein für das heutige Sachsen gelegt habe. Er schrieb es auf Twitter.

Dies zeigt, dass die klassische bürgerliche Öffentlichkeit nicht Geschichte, aber auch nicht mehr die einzige Öffentlichkeit ist. Bereits zuvor jedoch hat die politische strategische Kommunikation die freie öffentliche Debatte weitgehend verdrängt. Aber nicht nur deshalb weiß man in einer immer komplexeren und globalisierten Welt nicht, welche Sache gerade welche Mehrheit hat. Viele verbuchen dies unter Liberalisierung und rufen nach autoritären Lösungen. Parteien- und Politikerverdrossenheit sind nicht unbedingt Demokratieverdrossenheit, aber sicher Parteiendemokratieverdrossenheit.

Während der alte Konflikt zwischen Arbeit und Kapital, Sozialdemokratie und Konservativen fortbesteht, wird er von einem alle Politikbereiche überwölbenden soziokulturellen Konflikt zwischen kosmopolitischen Eliten und nationalstaatlichen Bürgern überlagert. Während sich die einen der Öffnung von Identitäten und Grenzen verschreiben, verteidigen die anderen den Nationalstaat und den Status quo, bevorzugt den von vor 2015, dem Jahr der Massenzuwanderung.

Auch die Unruhen im Sommer 2018 in Chemnitz sind ein Beleg dafür. Die Aufklärung der Ermordung eines Jugendlichen wurde von Rechtspopulisten und Rechtsextremen nicht den allein dafür zuständigen staatlichen Instanzen überlassen, sondern durch Ausschreitungen auf der Straße politisiert. Die linksliberale Gegenbewegung erfolgte prompt, später begann der Prozess gegen die tatverdächtigen Migranten. Sachsen wurde einmal mehr deutscher Vorreiter des Übergangs von der obrigkeitlichen Konsensdemokratie zur »Konfliktdemokratie«. Wie sich die Coronakrise des Jahres 2020 auf die sächsische Demokratie auswirken wird ist noch offen.

In seinem Tagebuch schreibt Kurt Biedenkopf im Jahr 1989: »Immer werden es Minderheitengruppen sein, die neue, revolutionäre, jedenfalls bestehende Verhältnisse nachhaltig verändernde Prozesse in Gang setzen. Solchen Gruppierungen und ihren Exponenten können die Volksparteien nicht auf Dauer die politische Repräsentanz verweigern. Tun sie es doch, ohne sich selbst neuen Ideen wirklich zu öffnen, werden sie nur ihren eigenen Zerfall beschleunigen.« Sollte dies zutreffen, muss noch ein geeigneter Umgang mit Rechtspopulismus gefunden werden.

Seit 1831 wählen die Sachsen ein Parlament. Auch wenn sich Unzufriedenheit gegen die Eliten richtet – die repräsentative Demokratie der Bundesrepublik fragt den Souverän regelmäßig nach seinem Mehrheitswillen, zwischendurch regieren die Gewählten. Die Garantie und Realität demokratischer Wahlen garantiert jedoch nicht demokratische Machtausübung oder demokratische Herrschaftsformen. Die Legitimation der Wahl schützt nicht davor, von einer Oligarchie beherrscht zu werden. Eine Demokratie gibt es nur mit einer auch zwischen den Wahlen aktiven kritischen Masse von Demokraten.

Es gibt aber nur wenige Menschen, die für die Demokratie an sich kämpfen. Sehr viele jedoch ringen um ihre Würde und Teilhabe am gesellschaftlichen Ganzen und infolgedessen darum, sie durch demokratische Institutionen, letztendlich die Demokratie gesichert zu sehen. Denn wie die Scham die individuelle Würde subjektiv schützt, schützt die Demokratie die Würde institutionell. Institutionen aber sind die Knochen der Geschichte, ganz besonders in der Geschichte und Praxis der Demokratie.

Anmerkungen

1 Vgl. Matzerath, Josef: Adelsprobe an der Moderne: Sächsischer Adel 1763 bis 1866. Entkonkretisierung einer traditionalen Sozialformation, Stuttgart 2006, S. 31.

2 Tietze, Karl-Heinz: Die Menschenrechtsproblematik in der sächsischen Verfassung von 1831, in: »Dem Mute aller Sachsen anvertraut«: Landesverfassung und Reformen in Sachsen nach 1831, Dresdner Hefte 26/1991, S. 14.

3 Vgl. Claus, Helmut, »Hergot, Hans« in: Neue Deutsche Biographie 8 (1969), S. 611 f.

4 Vgl. Junghans, Helmar: Die Ausbreitung der Reformation von 1517 bis 1539, in: Junghans, Helmar (Hg.): Das Jahrhundert der Reformation in Sachsen, Leipzig 2005, S. 59.

5 Vgl. Matzerath, Adelsprobe, S. 27 f.

6 Vgl. Blaschke, Karlheinz: Sachsen im Zeitalter der Reformation, Gütersloh 1970, S. 68 f.

7 Vgl. Ludwig, Ulrike: Das Herz der Justitia. Gestaltungspotentiale territorialer Herrschaft in der Strafrechts- und Gnadenpraxis am Beispiel Kursachsens 1548–1648, Konstanz 2008, S. 9.

8 Vgl. Kobuch, Agatha: Die Zensur in Kursachsen zur Zeit der Personalunion mit Polen. Ideologische Strömungen und politische Meinungen zur Zeit der sächsisch-polnischen Union (1697–1763), Weimar 1988, S. 203.

9 Vgl. Ebenda.

10 Vgl. Ebenda, S. 203 f.

11 Wesel, Uwe: Menschenrechte: Unantastbar. Samuel Pufendorfs großer Wurf: Wie die Würde des Menschen 1948 in die UN-Erklärung der Menschenrechte kam, 1949 ins deutsche Grundgesetz und später in die Verfassung vieler anderer Länder Europas, DIE ZEIT, 27. 11. 2008 Nr. 49.

12 Schiller, Friedrich: Musen-Almanach für das Jahr 1797.

13 Gestrich, Andreas: Absolutismus und Öffentlichkeit: Politische Kommunikation in Deutschland zu Beginn des 18. Jahrhunderts, Göttingen 1994, S. 11–13.

14 Goldenbaum, Ursula: Appell an das Publikum: Die öffentliche Debatte in der deutschen Aufklärung 1687–1796, Teil 1, Berlin 2004, S. 117.

15 Vgl. Matzerath, Adelsprobe, S. 42.

16 Vgl. Groß, Reiner: Geschichte Sachsens, Leipzig 2001, S. 177.

17 Vgl. Buttkereit, Helge: Zensur und Öffentlichkeit in Leipzig 1806 bis 1813, Münster 2009, S. 141.

18 Hommel, Karsten: Standeserhöhung und landfremder Neuadel, in: Schattkowsky, Martina (Hg.): Adlige Lebenswelten in Sachsen: Kommentierte Bild- und Schriftquellen, Köln 2013, S. 64.

19 Muhs, Rudolf: Zwischen Staatsreform und politischem Protest. Liberalismus in Sachsen zur Zeit des Hambacher Festes, in: Wolfgang Schieder (Hg.): Liberalismus in der Gesellschaft des deutschen Vormärz, Göttingen 1983, S. 209.

20 Ruhland, Volker: Die bürgerliche Revolution von 1830/31 und Sachsens Übergang zum Verfassungsstaat, in: »Dem Mute aller Sachsen anvertraut«: Landesverfassung und Reformen in Sachsen nach 1831, S. 11.

21 Verfassungsurkunde für das Königreich Sachsen vom 4. September 1831, http://www.documentarchiv.de/nzjh/verfsachsen.html, Abgerufen 3. 4. 2019.

22 Biedermann, Yvonne: Karl Braun (1807–1868): Leben und Werk: Jurist und liberaler Politiker im 19. Jahrhundert sowie erster bürgerlicher ›Ministerpräsi-

dent‹ des Königreichs Sachsen 1848, Hamburg 2009, S. 23.

23 Marburg, Silke: Adel und Verein in Dresden, in: Marburg, Silke/Matzerath, Josef (Hg.): Der Schritt in die Moderne. Sächsischer Adel zwischen 1763 und 1918, Köln 2001, S. 48.

24 Hähnel, Veit: Die Freiheit verfassen – die Anfänge politischen Bewusstseins in Sachsen vor 150 Jahren im Vogtland, in: Sachsen. Heimatgeschichte, Volkskunde, Denkmalpflege, Dorfgestaltung, Natur und Landschaft, Sächsische Landeszentrale für politische Bildung, Dresden 2007, S. 88.

25 Biedermann, Braun, S. 240 Fußnote 1221.

26 Matzerath, Adelsprobe, S. 118.

27 Zimmermann, Reiner: Tannhäusers Brautzug. Künstlerbegegnungen in Dresden, Dresden 2006, S. 97.

28 Fellmann, Walter: Sachsens Könige 1806–1918, München/Berlin 2000, S. 116.

29 Vgl. Ebenda, S. 118.

30 Frauenzeitung, Redigiert von Louise Otto, Großenhain März 1849. https://books.google.de/books?id=xH1eAAAAcAAJ&pg=PA246&dq

31 Schröder, Iris: Arbeiten für eine bessere Welt: Frauenbewegung und Sozialreform 1890–1914, Frankfurt a. M. 2001, S. 107.

32 Stellmacher, Hildegart (Hg.): Juden in Sachsen: Ihr Leben und Leiden, Leipzig 1994, S. 9.

33 Schäbitz, Michael: Juden in Sachsen – Jüdische Sachsen? Emanzipation, Akkulturation und Integration 1700–1914, Hannover 2006, S. 365.

34 Naumann, Friedrich: Demokratie und Kaisertum. Ein Handbuch für innere Politik, Berlin 1904, S. 49.

35 Burkhardt, Martin: Die Geschichte der Arbeiterbewegung im Kreis Bischofswerda. I. Teil: Von den Anfängen bis zur Großen Sozialistischen Oktoberrevolution, Bischofswerda 1967, S. 89.

36 Szejnmann, Claus-Christian: Vom Traum zum Alptraum. Sachsen in der Weimarer Republik, Dresden 2000, S. 14.

37 Szejnmann, Traum, S. 35.

38 Rühle, Otto: Das kommunistische Schulprogramm, Berlin 1920, S. 8.

39 Wagner, Andreas: Mutschmann gegen von Killinger. Konfliktlinien zwischen Gauleiter und SA-Führer während des Aufstiegs der NSDAP und der »Machtergreifung« im Freistaat Sachsen, Beucha 2001, S. 50.

40 Szejnmann, Traum, S. 90 f.

41 Ebenda.

42 Vgl. Broszat, Martin: Erlösung von Angst, in: Sachsen 1945. Ende und Neubeginn. Erinnerungen von Zeitzeugen, Husum 2003, S. 256.

43 Schmeitzner, Mike: Im Schatten der FDJ. Die »Junge Union« in Sachsen 1945–1950, Göttingen 2004, S. 178.

44 Vollnhals, Clemens: Die Entnazifizierung als Instrument kommunistischer Machtpolitik, in: Schmeitzner, Mike/Vollnhals, Clemens/Weil, Francesca: Von Stalingrad zur SBZ: Sachsen 1943 bis 1949, Göttingen 2016, S. 302.

45 Vgl. Schmeitzner, Mike: Formierung eines neuen Polizeistaates. Aufbau und Entwicklung der politischen Polizei in Sachsen 1945–1952, in: Behring, Rainer/Schmeitzner, Mike (Hg.): Diktaturdurchsetzung in Sachsen. Studien zur Genese der kommunistischen Herrschaft 1945–1952, Köln 2003, S. 210.

46 Vgl. Ebenda, S. 225.

47 Ulbricht, Walter: Der XXII. Parteitag der KPdSU und die Aufgaben in der DDR, Rede auf der 14. ZK-Tagung, Neues Deutschland, 28. 11. 1961, S. 3.

48 Donth, Stefan: Die KPD als Partei der Diktaturdurchsetzung in Sachsen. Erste Weichenstellungen bis zur Zwangsvereinigung mit der SPD, in: Behring/Schmeitzner: Diktaturdurchsetzung, S. 120.

49 Den linken Arbeiterflügel stark machen. Aus dem Protokoll einer Beratung zwischen SPD-Funktionären und Funktionären der SED, Neues Deutschland, 18. März 1958.

50 Howe, Marcus: Karl Polak. Parteijurist unter Ulbricht, Frankfurt a. M. 2002, S. 83.

51 Herrmann, Matthias: »Die Kreuzschule war bisher eine Insel der Seligen«. Zwei SED-Berichte über Kreuzschule und Kreuzchor nach 1961, in: Die knisternde Idylle – Dresden in den sechziger Jahren, Dresdner Hefte. Nr. 31. Beiträge zur Kulturgeschichte, Dresden 1992, S. 69.

52 »Der Spitzel hat natürlich immer recht«. Der Autor dieses Berichts wurde im Frühjahr 1976 vorzeitig in die Bundesrepublik entlassen. Wegen Fluchthilfe war er 1973 vom Ost-Berliner Stadtgericht zu einer hohen Freiheitsstrafe verurteilt worden. Davon saß er zweieinhalb Jahre im DDR-»Prominentenzuchthaus« Bautzen II ab., Der Spiegel, 26.7.1976, S. 52.

53 Vgl. Friedrich, Walter: Geschichte des Zentralinstituts für Jugendforschung, in: Friedrich, Walter/Förster, Peter/Starke, Kurt (Hg.): Das Zentralinstitut für Jugendforschung Leipzig 1966–1990, Geschichte, Methoden, Erkenntnisse, Berlin 1999, S. 50 f.

54 Vgl. Bericht Nr. 5. vom 12. März 1984 über die erfolgte Zusammenkunft der AG Frieden vom 10.3.1984 beim Evangelischen Jungmännerwerk Berlin, 13.3.1984; BStU, MfS, IMB »Torsten« Bd. II, Blatt 293. in Karl-Marx-Stadt. Vgl. BStU, MfS, HA XX/ Akg 5667, Blatt 119.

55 Kirche und Jugendopposition in der DDR, in: Richter, Michael/Urich, Karin (Hg.): Wir sind jung, die Welt ist offen. Zeitzeugen erzählen DDR-Geschichte, Dresden 1998, S. 70.

56 Vgl. Albrecht, Rudolph: Friedensseminare, in: Auerbach, Dieter/Stiebert, Klaus (Hg.): Kirche in Sachsen. Wirkungen des Evangeliums zwischen Elster und Neiße, Berlin 1990, S. 101.

57 Parteiversammlungsrede. Auszug aus dem Protokoll einer geschlossenen Veranstaltung der SED-Stadtleitung Leipzig am 15.06.1989 in der SED-Bezirksleitung Leipzig, in: Dietrich, Christian/Schwabe, Uwe: Freunde und Feinde. Friedensgebete in Leipzig zwischen 1981 und dem 9. Oktober 1989. Dokumentation, Leipzig 1994, S. 274 f.

58 Vgl. Erstes Treffen der Oppositionsgruppen in der DDR, FAZ 25.9.1989.

59 Vgl. Uns verbindet der Wille, Staat und Gesellschaft umzugestalten, Gemeinsame Erklärung der Kontaktgruppe vom 4. Oktober 1989, in: Neubert, Erhart: Die Opposition im Jahr 1989 – Ein Überblick, Anhang, in: Kuhrt, Eberhard/Buck, Hannsjörg F./Holzweißig, Gunter (Hrsg.): Opposition in der DDR von den 70er Jahren bis zum Zusammenbruch der SED-Herrschaft, Wiesbaden 1999, S. 459.

60 Sievers, Hans-Jürgen: Stundenbuch einer deutschen Revolution. Die Leipziger Kirchen im Oktober 1989, Göttingen 1990, S. 74.

61 Schein, Roland: Friedensgebet am 23. Oktober in der Reformierten Kirche. Predigt, in: Hanisch, Günter u. a. (Hg.): Dona nobis pacem – Fürbitten und Friedensgebete Herbst '89 in Leipzig, Berlin 1990, S. 86.

62 Basisgruppenerklärung. Auszug aus einer Erklärung von Gruppenvertretern, die während des Friedensgebetes mit Transparenten zur Zivilcourage aufgerufen hatten, in: Dietrich/Schwabe, S. 170.

63 Weißgerber, Gunter: »Ich wollte einen demokratischen deutschen Staat«, in: Jesse, Eckhard/Schubert, Thomas (Hg.): Zwischen Konfrontation und Konzession: Friedliche Revolution und deutsche Einheit in Sachsen, Berlin 2010, S. 208.

64 Wagner, Herbert: Zwanzig gegen die SED. Der Dresdner Weg in die Freiheit, Hohenheim 2000, S. 53.

65 Brümmer, Ulrich: Parteiensystem und Wahlen in Sachsen. Kontinuität und Wandel von 1990 bis 2005 unter besonderer Berücksichtigung der Landtagswahlen, Wiesbaden 2006, S. 249.

66 Ein neues Element im Demokratieverständnis. Gespräch mit Bundestagsabgeordnetem Dr. Ullmann, Berliner Zeitung, 1.11.1990, S. 7.

67 Biedenkopf, Kurt H.: Ein neues Land entsteht. Aus meinem Tagebuch. November 1990 bis August 1992, München 2015, S. 329.

68 Biedenkopf, Kurt H.: Ringen um die innere
    Einheit. Aus meinem Tagebuch August
    1992 – September 1994. Siedler-Verlag,
    München 2015, S. 78.

69 Biedenkopf, Land, Tagebuch, S. 465.

70 Heereman von Zuydtwyck, Constantin:
    Deutschland als Kulturaufgabe, in:
    Sobotka, Bruno J. (Hg.): Burgen, Schlösser,
    Gutshäuser in Sachsen, Witten 1996, S. 172.

71 Hähle, Fritz: Neue Wege wagen. Als Christ
    in politischer Verantwortung, Holzgerlin-
    gen 2006, S. 90.

72 Wirbel um Förderpreis für Demokra-
    tie in Sachsen, Leipziger Volkszeitung,
    11. 11. 2010.

73 Vgl.: »Die Bahn treibt uns in den Streik«.
    Claus Weselsky ist Chef der Lokführerge-
    werkschaft GDL. Er erklärt, warum der
    Arbeitskampf notwendig ist und er Martin
    Luther bewundert, DIE ZEIT Nr. 42/2014,
    9. 10. 2014.

74 Lambrecht, Wolfgang: Von der III. Hoch-
    schulreform bis zur Wende (1968–1989),
    in: Luther, Stephan (Gesamtleitung): Von
    der Kgl. Gewerbeschule zur Technischen
    Universität. Die Entwicklung der höhe-
    ren technischen Bildung in Chemnitz
    1836–2003. Chemnitz 2003, S. 157.

75 Jesse, Eckhard: Die rechtsextremen Par-
    teien in Sachsen, in: Demuth, Chris-
    tian/Lempp, Jakob (Hg.): Parteien in Sach-
    sen, Dresden/Berlin 2006, S. 206.

76 Küttler, Thomas: »Beginnt eure Revolu-
    tion nicht am Sonnabend um drei«, in:
    Jesse, Schubert, Konfrontation S. 186.

77 Kopp-Colomb, Henning von: Schlösser
    und Herrenhäuser des sächsischen Adels,
    in: Sobotka, Burgen, S. 366.